이공
계열

융합적 사고와 글쓰기
워크북

고명철·김문정·김영건·김영범·김학현
유승호·장석원·전형철·정우신·정재훈 공저

보고사
BOGOSA

집필진 소개

고명철(현대문학)

김문정(현대문학)

김영건(현대문학)

김영범(현대문학)

김학현(현대문학)

유승호(현대문학)

장석원(현대문학)

전형철(현대문학)

정우신(현대문학)

정재훈(현대문학)

융합적 사고와 글쓰기
워크북 – 이공 계열

2020년 2월 19일 초판 1쇄 펴냄
2021년 7월 30일 초판 2쇄 펴냄

지은이 고명철·김문정·김영건·김영범·김학현·유승호·장석원·전형철·정우신·정재훈
펴낸이 김흥국
펴낸곳 도서출판 보고사

등록 1990년 12월 13일 제6-0429호
주소 경기도 파주시 회동길 337-15 보고사
전화 031-955-9797(대표), 02-922-5120~1(편집), 02-922-2246(영업)
팩스 02-922-6990
메일 kanapub3@naver.com / bogosabooks@naver.com
http://www.bogosabooks.co.kr

ISBN 979-11-5516-971-1 03710
ⓒ고명철·김문정·김영건·김영범·김학현·유승호·장석원·전형철·정우신·정재훈, 2020

차례

1. 글과 삶: 삶의 문자화된 기록

자아와 내적 소통을 거친 결과가
문자로 구체화되어 외부로 나타나는 것이 글쓰기

①인간의 의사소통은 반드시 사고와 성찰의 단계가 선행되어야만 함
②언어와 사고는 분리된 것이 아니라 긴밀하게 융합되어 있다는 점이 중요
③인간의 모든 언어활동–듣기와 말하기, 읽기와 쓰기–은 서로 유기적으로 연관

학 과		성 명	
학 번		실시일	

1. 교재 〈예문 2〉를 읽고, 스티브 잡스가 '시련'을 극복하고 앞으로 나갈 수 있었던 원동력이 무엇인지 자신의 생각을 자유롭게 써보자.

→예문 교재 p.13

2. 현재 자신이 사랑하는 일은 무엇이 있는지 친구에게 얘기하듯 나열해보자.

학 과		성 명	
학 번		실시일	

1. 앞서 나열한 자신의 사랑하는 일 중 한 가지를 택하여, 구체적으로 기술해보자. (언제부터, 왜 관심과 집중을 하게 되었고, 사랑하게 되었는지, 현재 그 일을 위해 자신이 하고 있는 구체적 일을 중심으로 기술해 볼 것!)

2. 이 글을 친구와 바꾸어 읽어보고, 서로의 글에 대한 장, 단점을 기술해보자.

학 과		성 명	
학 번		실시일	

1. 내 인생의 결정적 세 장면을 뽑아 기록해보자.

2. 1번 문항의 내용을 포함시켜 자신의 삶을 특징적으로 드러낼 수 있는 한 편의 글을 써보자.

학 과		성 명	
학 번		실시일	

1. 부모님 중 한 분과 인터뷰를 하고 부모님 인생의 결정적 세 장면을 뽑아 기록해보자.

학 과		성 명	
학 번		실시일	

2. 본인이 존경하는 과학자 중 '삶이 문자로 기록된 것(전기, 평전)'이 있는 사람을 골라, 읽고 이에 대한 간단한 서평을 써보자.

2. 말하기와 글쓰기: 현장성과 기록성

글은 시간과 공간의 제약을 떠나서도 전달이 가능하다는 점에서
말이 지니는 현장성과 다른 특성을 지님

① 글은 기록성으로 인해 언어활동의 현장을 벗어나서도 보존이 가능
② 글은 의미의 보존이나 역사적 축적이 가능한 언어 표현의 한 수단
③ '말하기'가 상황적이며 비교적 공동체적으로 완성되는 언어 표현 방식이라면, '글쓰기'는 필자 개인의 독자적인 시공간 속에서 이뤄진다는 특성이 있음
④ 글을 쓸 때는 말과 달리 전혀 다른 시공간 속에서 불특정 다수의 독자들에게 의미가 충분히 전달될 수 있도록 해야 함
⑤ 비타협적이고 우호적이지 않을 수 있는 독자의 입장에서도 설득력 있게 이해될 수 있도록 고도로 숙련된 언어 표현 능력이 요구됨

학 과		성 명	
학 번		실시일	

1. 본문의 내용을 토대로 음성(말)과 문자(글)의 장단점에 대해 각각 기록해보자.

→교재 p.16

2. 본인이 선호하는 언어적 표현 방식을 말하고 그 이유를 써보자.

3. 선택하지 않은 언어적 표현 방식에서 본인이 부족한 부분은 무엇인지 써보자.

학 과		성 명	
학 번		실시일	

1. 교재의 예문을 읽고 한글의 우수성을 생각해보자. 그리고 정보화 시대 속 한글 전산화 과정을 조사해 기술해보자.

→예문 교재 p.17

2. 젊은 세대에서 유행하는 '급식체'에 대해 알아보고 자신의 견해를 기술해보자.

제2절 글쓰기의 목적과 효용

> 글쓰기는 교양인이 갖추어야 할 기본적 자질인 창의적이고 논리적인 사고력,
> 언어능력을 집중적이고 체계적으로 배양할 수 있는 최선의 방법
>
> ① 글쓰기는 대학 생활에 필요한 학문적 활동으로부터 학과 과목의 수강에 필요한 각종
> 보고서의 제출에 이르기까지 거의 모든 언어 활동과 사유의 과정 전체에 걸쳐 있음
> ② 읽기는 소극적으로 텍스트의 의미를 찾는 것에서 출발하여 적극적으로는 그 의미를
> 바탕으로 창의적인 해석을 하거나 글쓰기로 연결됨
> ③ 글쓰기는 기초 학문의 세계를 보다 충실하게 습득할 수 있도록 하나의 과정을 제
> 공함

학 과		성 명	
학 번		실시일	

1. 교재의 예문들을 통해 교양의 의미를 생각해 보고 우리나라 과학 분야 '교양교육'의 문제점에 대해 기술해보자.　　　　　　　　　　　　　➔예문 교재 p.21

_____

_____

_____

_____

_____

_____

_____

_____

_____

_____

_____

_____

_____

2. 본인이 이번 학기 수강하고 있는 인문 교양 과목을 열거하고 선택한 이유에 대해 써 보자.

3. 인문학 분야 교양과목을 수강하면서 어려움은 무엇이 있었는지 기술해보자.

예문

K에게

최근 한국사회는 미투 운동(#me too)이 확산되면서 남성중심주의의 사회적 위계 구조와 관련한 유무형의 억압에 대한 래디컬한 비판과 성찰의 과정을 밟고 있습니다. 각종 개인 미디어의 발달은 그동안 공론화할 수 없던 문제들을 사회적 공론의 장 수면 위로 부상시켰습니다. 그리고 대중들은 그에 대한 자신의 의견을 내놓으면서 해당 사안에 대한 여론의 흐름과 방향을 자연스레 형성하고 있습니다. 여기서, 우리는 촛불혁명을 경험했듯이, 최근 이 같은 움직임의 밑자리에는 한국사회에 켜켜이 쌓인 온갖 부정부패를 일소함으로써 한층 진전된 민주주의 사회를 향한 열망이 자리하고 있습니다. 이것은 넓은 의미에서, 한국사회가 비평을 삶과 현실의 차원에서 실천하는 것으로 볼 수 있습니다. 대단히 중요한 비평의 과제를 실현하고 있습니다.

(… 중략 …)

K씨,

저는 최근 고민이 있습니다. 저의 이와 같은 '비평의 공부'를 대학 강단에서 학생들을 향해 일방통행식으로 주입시키는 게 아니라 그들과 함께 '비평의 공부'를 신명나게 할 수 없을까 하는 점입니다. K도 잘 알고 있듯이, 한국사회의 대학가는 출세와 성공주의 신화에 붙들린 채 우리가 살고 있는 삶과 현실에 대한 웅숭깊은 비판적 성찰은 온데간데 없이 휘발되어 있고, 약육강식의 정글의 법칙을 아무런 비판 없이 순순히 따르며, 이웃의 어려움을 외면한 채 오직 자신의 존재 가치를 증명해보이기에만 혈안이 된 것처럼 보입니다. 저는 신명난 '비평의 공부'를 통해 학생들 스스로 '심미적 성찰'의 미적 태도를 배양했으면 하는 마음 간절합니다. '심미적 성찰'을 통해 우리가 사는 세상이 이웃과 더불어 함께 사는 아름다움의 가치를 서로 나눠가졌으면 하기 때문입니다. 그래서 '비평의 공부'는 문학을 비롯한 예술 작품을 단순히 아름다움의 대상으로 간주하여 그 아름다움을 정교하게 분석하는데 그치는 게 아니라 우리의 삶과 현실이 아름다워질 수 있는 길을 내는 것입니다. 물론 그 과정에서 피해갈 수 없는 게 바로 논쟁입니다. 그리고 보니 K와 저도 논쟁을 피해갈 수 없었습니다. 그런데 많은 사람들은 이 논쟁을 곡해하고 있더군요. 논쟁을 저급한 수준의 단순한 싸움 정도로 생각하는 사람들이 대부분인데, 이러한 이해야말로 논쟁에 대한 매우 천박한 인식에 불과합니다. 저는 '심미적 성찰'을 통해 우리의 삶과 현실이 아름다워질 수 있는 길을 내는 게 중요하다고 말하는데, 이 길을 내는 과정은 순탄한게 아닙니다. 길을 내기 위해서는 온갖 장애물을 회피하지 않고 그것을 슬기롭게 넘어서야 합니다. 장애물을 막무가내로 부정하고 파괴함으로써 그것을 없애는 게 아니라 장애물의 속성을 적확히 파악하고 이 길이 우리 모두의 삶을 상생시키는 것이라는 점을 충분히 납득시키는 과정이 동반되어야 합니다. 이 과정이 바로 논쟁이며, '비평의 공부'는 논쟁에 익숙하는 것이기도 합니다.

　　K씨,

　　곰곰 생각해보면, 우리 사회는 논쟁에 익숙하지 않습니다. 일상 속에서 서로의 입장이 부딪치는 게 너무나 자연스런 일이라면, 그 입장의 차이를 선명히 할 필요가 있습니다. 무엇이, 왜, 어떻게 다른지, 그 차이를 투명하게 밝히고, 서로의 견해를 충분히 나누면서 조율할 수 있는 것은 조율해냄으로써 창조적인 생성의 길을 모색해야 합니다. '비평의 공부'는 이러한 창조적 생성의 길을 내기 위해 논쟁을 기피하거나 두려워하지 않습니다. 타자를 배제하고 부정하는 게 아니라 타자와의 생산적인 긴장 관계를 통해 아름다운 삶의 길을 모색하는 게 바로 논쟁이기 때문입니다. 때로는 격렬하게 때로는 완미하게 진행되는 논쟁은, 논쟁 자체가 아예 없는 것보다 아름다운 삶의 지평을 모색하는 데 큰 도움을 제공합니다. 논쟁의 과정 속에서 타자의 존재와 그 가치를 새롭게 인식하고, 자기만의 독단적인 입장이 갖는 문제점을 냉철히 검토하게 되니까요. 물론, 타자와의 부딪침 속에서 자기갱신을 위한 소중한 계기를 갖기도 하죠. 그래서 저는 '비평의 공부'가 비평가인 제 자신에게도 중요하지만 학생들에게도 소홀히 할 수 없는 것이라는 생각을 지울 수 없습니다. 제게 소박한 바람이 있다면, 이러한 '비평의 공부'를 생활 속에 뿌리내리도록 하는 일입니다. 왜냐구요? 비평은, 비루한 삶의 틈새에서 아름답게 살고 있는 사람들의 꿈을 저버릴 수 없기 때문입니다. 비평은, 삶의 아름다운 가치를 추구하는 공부니까요.

- 고명철, 「신생의 삶을 향한 비평」, 『항공대신문』, 2018.3.19. 부분

1. 위의 예문을 읽고 '비평', '비판적 글쓰기'에 대한 본인의 생각을 써보자.

2. 최근 국내외에서 일어나고 있는 '과학' 분야 논쟁의 구체적 사례를 들고 그것에 대한
자신의 뚜렷한 입장을 써보자.

제3절 삶의 현장에 따른 글쓰기의 종류

삶의 과정만큼이나 글쓰기의 종류는 다양함

①글의 형식에 따른 분류
②글의 내용에 따른 분류
③글의 표현 방법에 따른 분류

학 과		성 명	
학 번		실시일	

1. 자신의 전공분야 필독서 및 저자에 대해 조사하고 한 권을 선택해 글쓰기의 특징에 대해 기술해보자.

_____

_____

_____

_____

_____

_____

_____

_____

_____

_____

_____

_____

_____

_____

2. 위의 내용을 토대로 자신의 전공 분야 글쓰기 과정에서 중점을 두어야 할 것들에 대해
기술해보자.

학 과		성 명	
학 번		실시일	

예문

　뉴미디어 아트는 예술과 기술의 결합이라고 한다. 우리에게 예술과 기술은 궤도의 정반대에 있는 두 행성의 위치나 시소의 양끝에 앉아있는 아이들처럼 먼 거리의 것으로 느껴진다.

　기술 또는 테크놀로지는 우리의 일상에 도움을 주는 지식으로 전자, 컴퓨터, 건축, 토목 등 다양하다. 예술은 청각 예술인 음악과 시각 예술인 회화와 조각 공연예술인 연극과 무용 등이 있다.

　영어권에서 기술을 의미하는 Technology란 단어는 그리스의 Techne에서 유래하였다. 고대 그리스의 유명한 의사였던 히포크라테스는 "인생은 짧고, 예술(Techne)은 길다"라는 말을 남긴 것으로 알려져 있다. 당시의 그리스에서 'Techne'란 단어는 현대적 의미의 예술과 기술을 아우르는 말이었다. 당시에는 대규모의 아치나 교량을 만드는 건축술과 마차를 고치는 기술 금속을 다루는 기술뿐만 아니라 그림을 그리는 방법, 음악을 만드는 방법 등이 모두 Teche란 의미로 사용되었으며 Techne란 합리적 생산 활동이나 기술을 의미했다.

　현대 예술을 의미하는 Art란 단어는 라틴어 'Ars'에서 유래했으며 로마 문명이 그리스 문명을 거의 그대로 계승하였던 것처럼 'Ars'도 'Techne'와 같이 기술과 예술을 모두 일컫는 단어였다. 현대적 의미의 "Technology"와 'Art'의 의미가 분리된 개념으로 분화된 것은 19세기 후반 이후이다.

　위에서 본것처럼 예술과 기술은 그 시작에서부터 통합되어 있었다. 기술자가 새로운 기술로 세상을 편리하고 합리적인 것으로 바꾸어 가는 것처럼 예술가들은 새로운 기술로 새로운 미학적 가치를 추구해 온 것이다. 현대사회의 고도화에 따라 전문적 분야로 Technology와 Art가 각각 각자의 영역으로 분리되어 발전해 왔지만 그 시작과 지향점은 항상 공유되어져 왔다.

　－이규동, 「기술의 예술화 과정」, 『방송과 미디어』 제21권2호, 한국방송・미디어공학회, 2016년 4월호. 부분

1. 위의 글은 기술과 예술의 개념에 대해 쓴 글의 부분이다. 이 글에 녹아있는 기술과 예술의 관계에 대해 써보자.

2. 비영리 인공지능 연구기관인 오픈AI(OpenAI)는 2019년 2월 개발한 자동 문장생성 인공지능 모델(GPT-2)을 가짜뉴스, 저작권 침해 및 표절 등 사회적 악용 가능성 때문에 제한 공개하기로 했던 방침을 바꿔 11월 1일부터 전면 공개했다. 결정에 대한 본인의 입장을 정리해 기술해 보고 '기술개발'과 '사회적 윤리'의 관계에 대해 의견을 덧붙여 보자.

학 과		성 명	
학 번		실시일	

예문

[제주 4·3 제70주년 범국민위원회] 제주 4·3은 대한민국의 역사입니다

북촌리는 국제법상 전쟁 중일지라도 엄격하게 금지하고 있는 제노사이드(genocide: 집단학살)의 대표적인 사례를 간직하고 있는 마을이다. 1949년 1월 17일, 4·3 당시 단일 사건으로는 가장 많은 인명이 희생당한 북촌리 주민 대학살 사건. 이 사건은 북촌국민학교를 중심으로 한 동·서쪽 밭에서 자행됐다.

이날 아침 세화리 주둔 제2연대3대대의 중대 일부 병력이 대대본부가 있던 함덕리로 가던 도중에 북촌 마을 입구에서 무장대의 기습을 받아 2명의 군인이 숨졌다. 그 후 무장한 군인들이 북촌마을로 들이닥쳤다. 군인들은 총부리를 겨누며 주민들을 내몰고는 온 마을을 불태웠다. 4백여 채의 가옥들이 하루아침에 잿더미로 변했다.

군인들은 군경가족을 나오도록 해서 운동장 서쪽 편으로 따로 분리해 나갔다. 이때 교문 쪽에서 총성이 들렸다. 한 어머니가 아기를 안은 채 싸늘히 식어갔다. 배고파 울던 아기는 죽은 어머니의 젖가슴에 매달려 젖을 빨고 있었다.

군인들은 남녀노소 가리지 않고 주민 몇 십 명씩을 끌고 나가 학교 인근 '당팟'과 '너븐숭이' 일대에서 사살하기 시작했다. 이 학살은 오후 5시께 대대장의 중지 명령이 있을 때까지 계속됐고, 북촌 주민 약 350여 명이 희생됐다. 이날 희생된 어린아이들의 시신이 묻힌 돌무덤이 지금 북촌리 4·3기념관 옆 속칭 '너븐숭이' 일대에 20여 기가 남아 있다.

이 사건으로 북촌마을은 후손이 끊긴 집안이 적지 않아서 한때 '무남촌'으로 불리기도 했다. 해마다 음력 섣달 열여드렛날이 되면 명절과 같은 집단적인 제사를 지내고 있다. 침묵과 금기 그리고 왜곡의 역사가 그 후로도 오랫동안 이어졌다.

제주 4·3의 상징인 조천읍 북촌리. 학살과 강요된 침묵, 그리고 '울음마저도 죄가 되던' 암울한 시대를 넘어 이제는 북촌리는 진실과 화해, 평화와 상생의 새 역사로 나아가고 있다. 정부는 이곳 '너븐숭이' 일대에 국비 약 15억8천만 원을 들여 위령비와 기념관, 순이삼촌 문학기념비 등을 마련하여 후세들의 산 교육장으로 활용하고 있다. 북촌리 4·3희생자유족회는 이곳에서 매년 음력 12월 19일 희생자들에 대한 위령제를 엄숙하게 지내고 있다.

– 김경훈, 「제주 4·3학살의 대명사, 북촌리」, 『제주 4·3은 대한민국의 역사입니다』 3호, 2019. 부분

1. 위의 예문은 제주 4·3 70주년을 맞이하여 발간한 소식지에 실린 글이다. '너븐숭이'는 4·3학살이 일어난 곳 중 대표적인 학살터로 널리 알려져 있다. 예문에서도 읽을 수 있듯, 죽은 엄마의 젖을 물고 있는 어린애의 모습은 4·3의 참상을 단적으로 말해준다. 이 모습을 사실적으로 그린 강요배 화가의 '젖먹이' 그림을 인터넷에서 찾아본 후 그 그림에 대한 각자의 생각을 자유롭게 써보자.

2. 근현대사의 역사적 사건이 일어났던 장소를 직접 방문해 사진을 찍어, 세 장을 골라
제시하고 '사건'과 연관시켜 본인의 생각을 기술해보자.

학 과		성 명	
학 번		실시일	

1. 좋은 글을 쓰기 위해서는 자신의 장, 단점을 알아야 한다. 그리고 부족한 점을 파악해 고치면 더 좋은 글을 쓸 수 있다. 다음의 문항을 보면서 자신의 글쓰기에 대한 분석을 시도해보자. 자신의 문제가 무엇인가? 그것을 알면 고칠 수 있는 해결 방안도 찾을 수 있다.

다음 항목에서 자신에게 해당하는 내용에 ∨표 해보자.

(1) 글을 쓰기 위해 충분한 시간을 두고 깊이 생각한다. (   )

(2) 글을 쓰기 전에 사전 준비를 하지 않고 바로 시작한다. (   )

(3) 무엇에 대해 글을 써야 할지 막막할 때가 많다. (   )

(4) 글을 시작하는 서두, 첫 문장이 어렵다. (   )

(5) 생각이 문장으로 표현이 되지 않는다. (   )

(6) 몇 줄 쓰고 나면 할 말이 없어진다. (   )

(7) 개요나 구성을 짜기가 힘들다. (   )

(8) 한 편의 글을 쓰는데 너무 많은 시간이 걸린다. (   )

(9) 서론을 쓰는 것이 어렵다. (   )

(10) 글을 쓰고 난 뒤에 보면 틀린 문장이나 오자가 많다. (   )

(11) 글쓰기는 무조건 어렵고 힘든 작업이라 생각한다. (   )

위의 질문 문항에서 자신의 어려움이 글쓰기의 어느 단계에 있는지 확인해보자.

자신의 문제가 글쓰기 전 단계인 발상의 과정에 있는가? 아니면 구체적으로 문장을 기술하는 쓰기 단계에 있는가? 자신의 문제를 깊이 있게 생각해 본 후 해결 방안을 찾아보자.

1. 심리적인 문제

글쓰기에 대한 두려움을 없애야 한다. (   )

단어나 어구가 아닌 완전한 문장 표현을 친근하게 여긴다. (   )

2. 글쓰기 전 단계

충분한 독서를 통해 지식을 쌓아야 한다. (   )

사물을 관찰하고 심사숙고하는 자세가 필요하다. (   )

글의 다양한 요소를 학습해야 한다. (   )

3. 글쓰기 단계

자신의 생각과 감정을 기술하는 문장 연습이 필요하다. (   )

글을 정성을 쏟아 진실하게 작성해야 한다. (   )

퇴고 과정을 꼼꼼하게 할 필요가 있다. (   )

1. 생각 만들기

1) 글감 찾기

화제와 주제는 다르다
화제가 혹은 생각이 곧 글이 되지 않는다
요컨대, '언어로 구성된 생각을 글쓰기의 방법에 맞춰 쓰고,
말하기의 규칙에 따라 말해야 한다

①일상생활의 경험에서 글감 찾기
②학문적 주제에서 글감 찾기
③사회적 이슈에서 글감 찾기

예문

제19대 문재인 대통령의 당선을 축하드립니다.

새 정부는 전임 대통령이 탄핵되는, 상상하기 어려운 상황에서 태어나게 되어 많은 어려움이 예상되나 또한 그렇기 때문에 역대 어느 정부보다도 많은 기대를 받고 있습니다. 새 정부가 지난 정권이 저지른 잘못을 청산하는 것을 넘어서, 우리 사회를 더 나은 세상으로 바꾸기 시작하는 정부가 되기를 바랍니다.

ESC(Engineers and Scientists for Change)는 변화를 꿈꾸는 과학기술인의 네트워크입니다. 과학은 더 이상 단순한 경제 발전의 도구가 아니라 현대사회가 작동하는 과정의 많은 부분에서 기초 요소가 되었습니다. 그러나 사회의 많은 구성원들에게 아직 과학은 삶과 유리된 특수한 지식 체계라는 인식이 강합니다. 이에 ESC는 과학기술의 합리적 사유방식과 자유로운 문화가 한국 사회에 뿌리내리도록 노력하고, 과학이 특정 집단이나 권력의 소유가 아니라 시민의 공공재가 될 수 있도록 하며, 나아가서 더 나은 과학과 더 나은 세상을 함께 추구하고자 합니다.

이번 선거 기간에 대통령께서 내놓은 과학기술 공약의 슬로건은 "과학기술의 혁신과 발전, 사람에게 투자해 이루겠습니다"였습니다. 지난 대선의 모토였던 "사람이 먼저다"를 연상시키기도 하는 이 슬로건은 ESC가 주로 관심을 가지고 있는 주제 중 하나인 과학기술인의 현실에 대한 문제 제기와 직접 맞닿아 있어서 크게 환영하는 바입니다.

ESC가 꿈꾸는 근본적인 변화는 기존의 과학자들보다 소수자들로부터 나올 가능성이 더 큽니다. 대통령께서는 후보자 시절에 ESC가 드린 질문에 대해서, 근로계약과 4대 보험에서 소외된 학생연구원과 비정규직 연구자들, 출산과 육아로 인한 경력 단절의 위험에 노출된 여성 연구자들이 대표적인 소수자라는 인식을 보여주셨습니다. 과학기술인에 국한된 이야기만은 아니겠지만, 소수자들의 직업 안정성을 보장해 주는 정책이 구체적으로 입안되고 실행되기를 바랍니다. 그 속에서 과학의 소중한 가치인 다양성과 공정성이 실현될 것입니다.

현대 사회의 많은 문제점은 과학의 결과와 직접 관련되는 경우가 적지 않습니다. 핵발전, 미세먼지, 식품의 안전성, 가습기 살균제 사건, 4대강 사업, 천안함과 세월호 진상규명 등은 과학적 검토를 기반으로 해서 해결되어야만 하는 문제들입니다. 그러나 우리는 이러한 문제를 다루는 과정에서조차도 과학이 충분한 역할을 하지 못했다고 느낍니다. 그 책임은 과학의 결과를 편의에 따라 이용하려 하는 권력뿐 아니라 적극적으로 이러한 문제들을 다루지 못한 과학계와 전문가의 역량을 효과적으로 수용하지 못하는 사회에도 있다고 할 것입니다. 과학이 이러한 문제에 대해서 더 전문적이고 책임 있는 분석과 판단을 제시하고 이를 기반으로 문제를 다루게 된다면 공적 영역의 의사 결정 과정이 더욱 합리적이고 신뢰할 만하게 되리라 믿습니다. 이렇게 과학의 결과를 사회 안에 효율적으로 수용하는 것이 ESC가 새로운 지도자에게 기대하는 모습입니다.

　이번 선거에서 과학기술에 관한 공약 중 가장 많이 언급된 말은 아마도 4차 산업혁명이었을 것입니다. 그러나 4차 산업혁명이라는 개념에 그리 호의적이지 않은 과학기술자들도 많습니다. 과학과 기술에 대한 환상과 막연한 기대만으로 뜬구름 잡는 식의 구호만을 걸어놓고 그저 정치적으로만 이용했던 과거의 기억이 생생하기 때문이기도 합니다. 인공지능과 사물인터넷 등 이전에는 존재하지 않았는데 향후 파급력이 클 것으로 여겨지는 새로운 기술과 그 효과를 4차 산업혁명이라고 부르는 것 자체는 정책을 운용하는 입장에서는 필요한 일일지 모르겠습니다. 문제는 이러한 새로운 기술을 발전시키고 적용하는 과정에서, 실체와는 유리된 과장된 수사와 겉보기를 위한 결과로 포장하는 데 그치지 않고, 기초가 되는 과학과 기술 분야에서 의미 있는 발전을 이루는 일입니다. 그러한 일을 직접 담당하게 될 주체는 정부가 아니라 현장의 연구자들과 이를 실제로 구현하는 기업입니다. 새 정부는 개개의 주체가 갖기 어려운 장기적인 안목을 유지하고, 인프라의 확충과 정책적 뒷받침 등에 힘쓰며, 지나친 개입 대신 조정자의 역할을 잘해주기 바랍니다.

　21세기도 이미 6분의 1이 지났습니다. 과학과 기술은 어마어마하게 발전했지만 인간이 그것을 감당할 만큼 현명해졌는지는 의문입니다. 그래서 과학과 인간이 함께 발전하는 일은 이 시대의 세계사적인 과제인지도 모릅니다. 지금까지 우리 사회는 시대적인 과제를 고민하기는커녕 21세기도 이미 6분의 1이 지났습니다. 과학과 기술은 어마어마하게 발전했지만 인간이 그것을 감당할 만큼 현명해졌는지는 의문입니다. 그래서 과학과 인간이 함께 발전하는 일은 이 시대의 세계사적인 과제인지도 모릅니다. 지금까지 우리 사회는 시대적인 과제를 고민하기는커녕 구시대적인 유착과 비리와 부패로 많은 것을 낭비하고 오히려 시대를 역행했습니다. 이제 새 정부가 우리 사회와 과학이 함께 발전하는 데에 초석을 놓기 바랍니다.

– 「ESC가 새정부에게 바란다, ESC(변화를 꿈꾸는 과학기술인네트워크)」,
http://www.esc korea.org/about/notice/366
(오철우 기자, 「연구현장 소수자 보호하고 사회논란 합리적 의사소통을」)
『한겨레 과학웹진 사이언스온』(scienceon.hani.co.kr/517465), 2007.5.11. 재인용)

1. 예문의 글감은 한 과학 단체가 대통령 취임을 축하하며 올린 기고문이다 과학적 방향성과 새로운 요구를 담고 있는 글이지만 이 속에는 우리사회가 안고 있는 다양한 사회문제를 포함하고 있다. 한국 사회에서 이뤄지고 있는 '소수자의식' '페미니즘', '여성주의'의 이슈를 글감 속에서 이끌어 내고 있다. 그 사회적 이슈들의 세부 사항들은 무엇인지 차근차근 정리해보자.

2. 과학 관련 프로그램과 영화를 포함하여 일상생활에서 자주 접하는 대중문화 텍스트들 가운데 하나를 선정하여 그 안에서 추출해 낼 수 있을 학문적 주제나 사회적 이슈를 생각나는 대로 써보자.

융합적 사고와 글쓰기 – 워크북(이공 계열)

학 과		성 명	
학 번		실시일	

'젠더 혁신'

"실험동물에도 암수 균형 필요하다"
수컷동물에게만 실험한 신약
여성에게 부작용 일어날 수도

"생물학적인 성과 사회문화적인 젠더의 남녀 차이를 과학기술에 올바로 반영해 편견 없는 연구를 하자는 게 젠더 혁신이지요. 실험동물의 성별이 실험 결과에 영향을 끼칠 수 있어 지금은 성별 데이터를 밝히고 암·수컷 균형을 맞추도록 권고하고 있지요." 여성 과학기술인단체총연합 부설 젠더혁신연구센터의 백희영 센터장(서울대 명예교수)은 "국제사회에서 연구 과정에 성·젠더를 고려하도록 의무화하는 곳이 늘고 있어 우리도 젠더 혁신에 관심을 더 기울여야 한다"고 말했다.

젠더 혁신은 2005년 미국 스탠퍼드대학의 론다 시빙어 교수가 주창하고, 이후에 확산한 과학·공학의 새로운 연구 태도 또는 방식으로, 과학기술에 스며 있는 남성 중심에서 벗어나 편견 없는 지식을 얻자는 제안으로 요약된다. 국내에선 2013년 여성과학기술인지원센터를 중심으로 관심이 일기 시작해 2015년 국제 행사인 '젠더서밋'을 서울에서 연 데 이어 지난해 젠더혁신연구센터가 정식 출범했다.

젠더 혁신의 동향을 담고 있는 누리집(genderedinnovations.stanford.edu)을 보면, 성·젠더 차이를 과학기술에 반영해야 하는 근거를 밝히는 연구나 젠더 혁신을 통해 이룬 연구 사례들은 그동안 많이 쌓여 왔다. 널리 알려진 사례로, 수컷 동물의 실험 결과를 바탕으로 개발된 신약이 여성들에게 효과가 더 낮거나 부작용이 더 클 수 있다는 지적이 1990년대부터 제기됐다. 2014년 미국 국립보건원(NIH)은 실험에서 동물과 세포를 쓰는 모든 전임상 연구에서 양성 균형을 맞추도록 지침을 공고한 바 있다.

자동차 충돌 실험에 남자 인체 모형만 쓰다 보니 실제 사고에서 목뼈를 다칠 위험이 남자보다 여자가 2배 높다는 분석도 있었고, 이후에 충돌 실험에 여자·임신부의 인체 모형을 쓰는 자동차회사도 생겨났다. 기계번역에선 남성 위주의 언어 번역이 나타난다는 문제가 제기되어 개선 노력이 이뤄지고 있다. 통증 메커니즘에도 남녀 차이가 있다는 연구도 있어 통증의 성별 차이 연구도 불가피해졌다. 젠더 분석은 사회문화적인 성별 차이가 중요한 의생물학, 보건학, 공학 등 다양한 분야에서 강조된다.

백 센터장은 "최근엔 통증 실험에서 연구자 성별에 따라 실험동물이 다른 영향을 받는다는 캐나다 맥길대학의 연구도 있었다"며 "남자 연구원도 성·젠더 차이의 중요성을 인식한다면 편견 없는 연구에 기여하겠지만 실험 대상을 대하는 연구자 자체에도 양성 균형이 필요할 수 있다"고 말했다. 그는 앞으로 활동 방향과 관련해 "젠더 혁신을 국내에 확산하는 일이 중요하다"며 "국내의 여러 연구개발(R&D) 과제에서도 성·젠더 분석의 중요성을 인식해 편향 없는 지식을 생산하고 사회 구성원 모두에 적합한 기술과 제품이 더 많이 개발될 수 있어야 한다"고 덧붙였다.

- 오철우 기자, 「실험동물에도 암수 균형 필요하다」, 『한겨레 과학웹진 사이언스온』, 2017.8.7.
(http://www.hani.co.kr/arti/science/science_general/805770.html)

1. 예문을 쓴 이는 다양한 과학 실험에서 젠더의 고려없이 실험이 이루어지고 있다는 점은 근본적인 과학적 의미도출이 어려울 뿐 아니라, 이는 사회의식과 자연과학의 관계에 문제를 제기하고 있다. '구체적으로 어떤 문제들이 있고 문제에 대처하는 우리의 자세는 어떠해야 하는지 써보자.

2. 적힌 내용들을 바탕으로 한 편의 글을 쓴다고 할 때 자유 연상법을 통해 글감과 핵심 문제를 구성해보자.

3. 낯설게 보기 방법을 활용하여 자신이 '젠더 문제'에 대해 어떤 시각을 가지고 있는지 간략한 글을 써보자. 예컨대 최근 한국 사회에서 벌어진 '성적 불평등' 문제에 대해 자신의 생물학적 성별을 잠깐 초월해서 각각 남성의 입장에서, 여성의 입장에서 문제적 사항을 대하는 사람처럼 설정한 뒤 근래 들어 일어난 일들을 써보자.

1. 생각 만들기
2) 생각의 실마리를 찾아서

글감에 자신의 주장 혹은 의견과 이유를 보태야만 의미 있는 생각이 된다

①주제문 = 주장 + 근거
②주제문 = 의견(생각) + 이유

자유연상
①한 가지 문제에 대하여 다양한 아이디어 생성해내는 방법
②한 주제에 대하여 끊임없이 연상하여, 모든 경우를 모으는 것

학　과		성　명	
학　번		실시일	

1. '대학 생활'에 대해 떠오르는 단어들을 다음 빈 칸에 써보자.

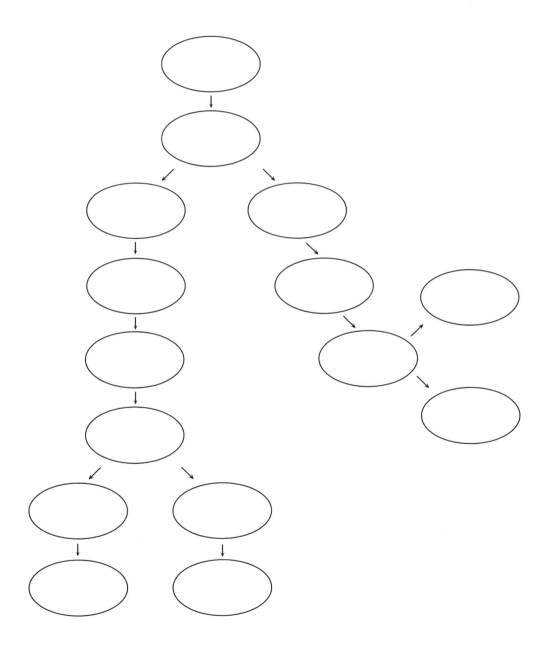

학 과		성 명	
학 번		실시일	

1. 아래 그림을 기초로 하여 사회 관계망 서비스 SNS를 통해 곧 잘 퍼지는 가짜뉴스의 문제점에 대한 글을 쓰고자 하는데, 자신의 생각을 브레인스토밍 방식으로 써보자.

@.   님에게 보내는 답글
문▉▉은 고개도 못들고 요렇게 김영철은 한손은뒤로
똑바로서서 악수하는데 문▉▉은 고개를 90도로 숙이고
왼손은 앞에 모셔놓고 악수하는데 감히? 얼굴이나
봤겠습니까?...ㅉㅉㅉ

2018. 2. 26. 오전 8:56

리트윗 **9**회 마음에 들어요 **5**회

_____

_____

_____

_____

_____

2. 위에 적은 내용들을 정리하여 글에서 다룰 핵심 문제를 정해보자.

1. 생각 만들기
3) 가상적 주제와 관점 설정하기

1. 가상적 주제를 만든다는 것은 글감에 자기의견을 더한다는 말이다

가주제 = 글감 + 방법론

2. 추가되는 방법론
   ①글쓴이의 관점
   ②세계관
   ③이데올로기
   예) 실증주의적 방법론, 역사주의적 해석법, 정신분석학적 접근법, 페미니즘적 태도 등

학 과		성 명	
학 번		실시일	

　영국의 대표적인 역사가의 한 사람인 에릭 홉스봄은 최근 민족주의 연구에서 매우 중요하다. 민족주의의 주류적 해석이라고 할 '근대주의적 해석'의 주도 인물 가운데 하나이기 때문이다. 그는 민족이 근대 자본주의의 산물이고 민족이 민족주의를 만든 것이 아니라 민족주의가 민족을 만들었다고 주장한다. 민족이 인위적으로 만들어졌다는 것이다. 따라서 민족적 정체성은 대수로운 것이 아니며 쉽게 사라질 수 있다고 생각한다.

　또 많은 민족주의는 반동적인 지배계급이 정권을 유지하기 위한 수단으로 발전시킨 것이므로 관제민족주의의 성격이 강하고 따라서 억압적 성격을 가질 수밖에 없다고 생각한다. 게다가 이제 지구화 시대에 들어섰으므로 민족과 민족주의는 머지않아 사라질 것이라고 주장한다.

　그러나 이런 주장은 민족이 전근대 역사 속에서 발전해온 과정을 경시한다. 또 민족주의가 내부적 요인이 아니라 국가 사이의 경쟁이라는 외부적 요인에 의해 발전했다는 사실을 무시한다. 더 나아가 민족주의가 선진국의 억압에 저항하는 힘으로서 제3세계인들에게 아직도 큰 도덕적인 힘이라는 사실을 무시한다. 전형적인 유럽중심주의적 태도라고 할 수 있다.

　그러나 이런 사람만이 아니다. 그 정도는 다르지만 서양 역사가들의 거의 대부분이 알게 모르게 유럽중심적인 역사를 쓰고 있기 때문이다. 따라서 서양 사람들이 쓴 역사책에서 이런 점들을 주의하지 않으면 문제가 많이 생긴다. 그들의 잘못된 주장에 세뇌될 수 있기 때문이다. 따라서 서양 역사가들이 어떤 주장을 할 때 그 주장이 어떤 전제 위에 서 있는지, 그들의 주장 가운데 혹시 유럽중심주의 이데올로기가 숨어 있지나 않은지 주의 깊게 살필 필요가 있다.

– 강철구, 「유럽중심주의 역사학은 누가 만들었는가」, 『프레시안』, 2017.10.25. 부분

1. 예문에 따르면 현재 우리가 알고 있는 '민족'이란 존재는 원래부터 그래 왔던 어떤 실체가 아니라 근대 이후 만들어진 '개념' 혹은 '이념'에 의해 인위적으로 만들어진 구성물이다. 이에 비추어 예문의 관점을 요약하자면 '민족은 실체가 아니라 만들어진 발명품'이라는 것이다. '한국 단일 민족 기원'이란 표제로 글을 쓰고자 할 때 위와 같은 관점을 차용한다면 그에 해당하는 사례들로는 무엇이 있을지 찾아보고, 이러한 관점이 지닌 장단점에 대해 써보자.

융합적 사고와 글쓰기 – 워크북(이공 계열)

학 과		성 명	
학 번		실시일	

예문

　세월호 참사 유가족인 안명미 씨는 지난해 3월 10일을 그렇게 회상했다. 안씨는 "당시 박근혜 전 대통령이 탄핵됐다는 사실 자체가 정말 기뻤다. 하지만 한편으로는 너무 아팠다. (탄핵 사유에) 우리를 왜 뺏을까. 그 아픔과 아쉬움이 아직도 남아있다"라고 밝혔다.

　박근혜 전 대통령의 탄핵 1주년을 맞아 4·16가족협의회와 4·16연대는 10일 오후 5시 광화문 세월호 광장에서 박근혜 탄핵 1년·세월호 참사 4년 광화문 시민문화제 '세월호 참사, 죄를 묻다'를 열었다.

　이날 사회를 맡은 김혜진 4·16연대 상임운영위원은 "지난해 3월 10일 박근혜 전 대통령의 탄핵이 인용됐지만 헌법재판소는 세월호 참사를 탄핵 사유로 받아들이지 않았다"라고 말했다. 헌법재판소는 대통령 권한 남용, 사인의 국정개입 허용 등을 박 전 대통령의 탄핵사유로 인용했지만, 세월호 참사는 인용하지 않은 바 있다.

　유가족들은 헌재의 판단에 아쉬움을 표하며 "박근혜 전 대통령을 세월호로 처벌하라"라고 외쳤다. 4·16가족협의회 유경근 집행위원장은 "아무리 많은 죄목들이 있더라도 박 전 대통령은 그 모든 것들을 뒤덮어버릴 만한 가장 나쁜 죄를 저질렀다"라며 "대통령으로서 마땅히 국민의 생명과 안전을 지키고 보호하는데 모든 힘과 총력을 기울이고 자원을 투입해야 할 의무가 있었음에도 하지 않았다"라고 지적했다. 이어 유 집행위원장은 "어느 죄목이 살인죄보다 큰 게 있느냐"라며 "30년이 아니라 즉각 처형해도 모자랄 죄목이다"라고 강조했다.

　박근혜 전 대통령이 탄핵된 지 1년이 됐지만, 적폐 청산과 세월호 참사의 진상규명이 더딘 점도 아쉬운 부분으로 지적됐다. 안명미 씨는 "진상규명이 너무 더뎌서 힘들다"라며 "우리 소원인데 앞으로 나아가질 않는다"라고 답답함을 토로했다.

　권영빈 선체조사위원회 1소위원장은 "박근혜 전 대통령이 물러가고 새로운 대통령이 왔다. 많은 것이 좋아지고 변화가 있었지만 너무 더디다"라며 "정부가 더 적극적으로 세월호 참사 진상 규명에 협조해주길 바란다"라고 호소했다.

　박래군 4·16연대 공동대표도 "1년 전 촛불 광장에 백만 명이 모여, 박근혜 정권을 끌어내렸다. 그런 변화를 만들어낸 유가족들과 시민 여러분들께 감사드린다"라면서도 "퇴진행동에서 낸 100대 개혁 과제 중 해결된 건 10%도 안 된다"라며 적폐청산과 세월호 진상규명이 더딘 것에 아쉬움을 표했다. 세월호 유가족과 시민들은 "끝까지 진상 규명", "책임자 처벌"을 외치며 문화제를 끝마쳤다.

한편 보수단체들도 이날 서울 도심에서 '박근혜 전 대통령 무죄 석방'을 요구하는 태극기집회를 열었다. 대한애국당은 이날 오후 2시 서울역 광장에서 '제45차 태극기집회'를 열고 '탄핵 무효'를 외쳤다.

해당 집회에는 조원진 대한애국당 대표, 윤창중 전 청와대 대변인, 서석구 변호사, 이규택 천만인무죄석방본부 공동대표 등이 참석했다. 이들은 '3·10 대한민국 법치 사망의 날'이라는 현수막이 붙은 연단에 올라 "박근혜 대통령", "진실은 밝혀진다", "무죄 석방" 등을 외쳤다. 태극기와 성조기를 들고 서울역 광장을 메운 집회 참가자들도 따라 외쳤다.

시위대의 환호를 받으며 마이크를 잡은 이규택 천만인무죄석방본부 공동대표은 "지난해 3월 10일은 헌법재판소 이정미 재판관을 비롯한 8명의 정신과 혼이 죽은 날이다"라며 "오늘은 법치가 망하고 헌법재판소가 죽은 지 1주년 된 제삿날이다"라고 외쳤다.

연단에 설치된 화면에 이정미 전 헌법재판소장 권한대행이 박근혜 전 대통령의 파면을 선고하는 장면이 나오자, 시위대는 야유했다. 일부 시위대는 욕설을 하기도 했다. '법치 사망'이라고 적힌 검은 리본을 옷에 단 시위대도 있었다.

일부 연설자들은 미투 운동을 폄하하기도 했다. 임덕기 전 건국회 회장은 "대한민국이 죽은 날인데(국민들이) 미투나 보고 있다"라며 "미투가 뭐냐. 나라 잃어버리는 거 아니지 않냐"라고 했다. 심리학과 교수라고 소개된 이규리 씨는 "미투운동이 벌어지고 있다. 이 정부가 더럽고 추악하고 지저분한 것이 낱낱이 드러나는 것이다"라고 주장했다. 마지막 발언자로 나선 조원진 대표는 "(문재인 정부) 집권 10개월 만에 대한민국은 다 망했다"라며 "대한민국이 망해갈 때 우리의 책무는 태극기를 들고 죄 없는 대통령을 구출하는 일이다"라고 외쳤다. 이어 그는 "박근혜 대통령은 죄가 없다고 목 놓아 외치자. 즉각 구출하자. 살인적 정치보복 중단하고 박근혜 대통령을 구출하자"라고 소리쳤다. 그러자 집회 참가자들도 태극기와 성조기를 흔들며 "대통령을 구출하자", "석방하라", "투쟁하자"라고 부르짖었다.

– 신지수, 「박근혜 탄핵 1년 '처벌'과 '무죄'로 갈라진 광장」, 『오마이뉴스』, 2018.3.10.

1. 예문에 제시된 '광화문의 서로 다른 두 가지 풍경'은 각각 무엇인지 찾아보자. 그리고 이처럼 쟁점이 되는 사회적 이슈에 대해 매번 광화문에서 서로 다른 관점으로 대립적 풍경을 연출하게 된 이유에 대해 추론하여 써보자.

2. 예문에 제시된 두 가지 풍경을 소재로 글을 쓸 경우 각각의 입장을 객관적으로 관찰하는 것이 한국 사회를 이해하는 데 어떤 역할을 하는지 써보자.

2. 자료의 수집과 편집

1) 자료 찾기

1) 도서관 이용법
  ①통합검색보다 상세검색의 활용
  ②적합한 검색어의 선별
  ③검색 결과의 조절(많을 때 → 결과 내 검색; 적을 때 → 상위 개념으로 검색)
  ④자료 부재 시, '관련 사이트 보기' 활용

2) 자료 찾기의 자세
  ①일반적인 것 → 구체적인 것: 주제의 선정
  ②가까운 대상 → 먼 대상: 논의의 심화
  ③자료의 종류와 성격, 내용, 활용도 등에 따른 분류 및 정리:
   입론의 방향 수정·보완 및 자료의 추후 활용

학 과		성 명	
학 번		실시일	

1. 아래 자료 카드를 완성해보자.

활용도	
자료의 분야	– 큰 분류: 인문과학 – 중간 분류: 사회문제 – 작은 분류: 문명과 인간성의 조건
자료의 형태	
서지 사항	올더스 헉슬리, 안정효 역, 『멋진 신세계』, 소담출판사, 2015.
핵심어	
중요 구절	
다시 검토해 볼 점	
연관 자료	
논평	
기타 활용 방안	

학 과		성 명	
학 번		실시일	

1. 아래 책의 한 꼭지로 자료 카드를 작성해보자.

데즈먼드 모리스, 김석희 역, 『털 없는 원숭이』, 문예출판사, 2011.
폴 햅펀, 노태복 역, 『파인만과 휠러의 만남』, 승산, 2019.

활용도	
자료의 분야	– 큰 분류: – 중간 분류: – 작은 분류:
자료의 형태	
서지 사항	
핵심어	
중요 구절	
다시 검토해 볼 점	
연관 자료	
논평	
기타 활용 방안	

학 과		성 명	
학 번		실시일	

1. 전공 관련 서적 목차의 한 장에 대한 자료 카드를 작성해보자.

활용도	
자료의 분야	− 큰 분류: − 중간 분류: − 작은 분류:
자료의 형태	
서지 사항	
핵심어	
중요 구절	
다시 검토해 볼 점	
연관 자료	
논평	
기타 활용 방안	

2. 자료의 수집과 편집

2) 자료의 선택과 평가

1) 근거 자료로써의 활용도: 좋은 자료의 기본적인 조건

　①글의 목적에 부합할 것

　②글감과 주제를 뒷받침할 것

　③합리적이고 공정할 것

　④풍부하고 다양할 것

　⑤출처와 근거가 분명할 것

　⑥공신력이 있을 것

　⑦참신할 것

2) 주제와의 상관성: 자료 선별의 실제적인 기준

　①근거 자료로써 얼마나 활용도가 있는가

　②글의 주제와 얼마나 상관성이 있는가

3) 글쓰기의 전체적인 목적에 대한 적합성: 자료 활용의 최종적인 요건

학 과		성 명	
학 번		실시일	

1. 아래의 예문을 잘 읽고 예문에 제시된 근거들의 성격이 글의 주제나 목적 등에 적절히 부합하는지 판단해보자. 그리고 이러한 근거들 이외에 마련할 수 있는 자료들의 목록을 만들어보자.

예문

인간-자연 맞섬

자연과 인간은 어떤 관계를 맺어야 바람직할까? 이 질문은 산업이 고도로 발달한 현대에 더욱 절실하게 제기되는 듯하지만, 거슬러 올라가면 인류가 문화를 일구기 시작할 때부터 등장한 주요 화두다. 인간은 기본적으로 동물이며 따라서 자연의 일부다. 그러나 인간은 나름대로 의미의 그물을 짜서 세계를 이해하고 자기 자신을 이해하는 문화적 존재이기도 하다. 요컨대 인간은 특이한 정신적 동물이다.

이런 독특함 때문에 인간은 그냥 자연의 일부로만 머물지 않고, 마치 자기가 자연의 건너편에 자리 잡은 존재라도 되는 듯이, 자기 자신의 자연성(대표적으로 몸)을 포함한 자연 전체를 멀찍이 바라보며 이러쿵저러쿵 서술하고 평가하는가 하면 뚝딱뚝딱 변형하고 개조하기도 한다. 그럴 때 인간은 자연의 일부라기보다 자연에 맞선 행위자다.

따지고 보면, 이 글의 첫머리에서 제기한 질문도 '인간-자연 맞섬'을 전제한다. 인간이 오롯이 자연이라면, 이 가을의 향기로운 국화나 청명한 하늘의 조각구름이라면, 그 질문은 결코 제기되지 않았을 것이다. 인간이 자연에 맞선 존재라는 생각은 적어도 인류가 문화를 이룬 이래로 우리가 품어온 인간관의 기본요소라고 하겠다.

물론 필자의 견해에 반발하는 분들도 꽤 있으리라 짐작한다. 이 땅의 전통 사상들은 인간과 자연의 완벽한 조화를 강조하는 나머지, '인간-자연 맞섬'이라는 기본 전제를 은폐하는 경향이 있다. 『노자』에 나오는 유명한 문구 '人法地 地法天 天法道 道法自然(사람은 땅을 본받고, 땅은 하늘을 본받고, 하늘은 도를 본받고, 도는 자연은 본받는다)'에서 사람(人)과 자연(自然)은 매끄럽게 연결된다. 뿐만 아니라 환경파괴와 기후변화가 심각한 문제로 불거진 지금, 많은 사람들은 인간이 자신을 자연에 맞선 존재로 자리매김하는 것 자체에 거부감을 느낀다. 그들은 인간을 자연의 일부로 보는 관점을 옹호한다. '자연-인간 맞섬'은 이른바 근대철학 또는 서양사상의 어리석은 환상으로 매도당하기 십상이다.

그러나 곰곰이 생각해보자. 방금 인용한 『노자』의 문구에서도 인간과 자연은 결코 단박에 하나가 아니다. '본받는다'는 말 자체가 '다르다'를 전제할뿐더러, 사람이 자연에 이르기까지 거쳐야 할 정거장들이 땅, 하늘, 도까지 세 개나 된다. 더구나 사람이 자연을 본받아야 한다는 것이 문구의 의미라면, 저 문구는 '자연과 인간은 어떤 관계를 맺어야 바람직할까?'라는 우리 질문에 대한 하나의 대답인 셈이다. 이처럼 『노자』도 문화적 인간의 기본조건, 곧 인간−자연 맞섬을 전제한다. 필자가 보기에 이 맞섬은 문화적 인간이 처한 기본조건이다.

많은 사람들은 환경파괴의 폐해를 지목하면서 이제 자연에 맞선 인간을 버리고 자연 속 인간을 회복해야 한다고 주장한다. 틀림없이 설득력 있는 주장이다. 하지만 '자연에 맞선 인간'의 개념은 '자유롭게 행위하는 인간'과 직결된다는 점을 유의해야 한다. 우리가 자유로운 행위를 포기하고 자연 속 인간으로서 자연법칙들에 따르기만 하면 파괴된 환경이 회복될까? 그럴 리 없다. 현재 가동 중인 핵발전소들은 그냥 놔두면 꺼지지 않는다. 우리가 주도적으로 행동해야만 꺼진다. 다른 많은 사례에서도 환경 파괴의 수습과 복원을 위해서는 인간의 개입이 필수적이다. 인간이 자연에 맞서 자유롭게 계획하고 노동하고 생산하는 것은 기본적으로 인간의 운명일뿐더러 인간 때문에 파괴된 자연을 위해서도 바람직하다고 필자는 믿는다.

인간과 자연이 조화를 이루는 스포츠!?

'맞섬'이라는 우리말은 의미의 폭이 참 넓다. 링 위에서 권투선수들이 맞서기도 하고, 탁구대를 사이에 두고 탁구선수들이 맞서기도 하고, 혼례에서 신랑과 신부가 맞절을 위해 맞서기도 한다. 필자가 '인간−자연 맞섬'을 이야기할 때, 독자들은 이토록 폭넓은 '맞섬'의 의미를 연상하기를 바란다. 중요한 것은 맞선 양편이 동등하다는 점이다.

우리 시대에 가장 큰 힘을 발휘하는 사상은 뭐니 뭐니 해도 자연과학이다. 특히 요새는 진화생물학과 신경과학에 기초한 자연과학적 인간관이 인기를 누린다. 그 관점에 따르면, 인간은 호모사피엔스, 잘 발달된 뇌를 가진 동물, 철두철미하게 자연에 속한 존재다. 물론 인간은 대규모 집단을 이룬다든가, 죽은 동료를 땅에 묻는다든가, 복잡한 문자 문화를 개발했다든가 하는 점에서 행태가 특이한 것은 사실이다. 하지만 인간이 자연에 맞선 존재라는 생각은 터무니없다.

많은 이들이 이런 자연과학적 인간관에 고개를 끄덕인다. 그 인간관을 흥미롭게 펼쳐 놓은 책인 『사피엔스』(유발 하라리 저)가 이렇게 많이 팔리고 이토록 큰 권위를 얻은 곳이 우리나라 말고 또 있을지 궁금하다. 지금 이 땅의 대세는 자연과학의 틀 안에서 인간을 재구성하기, 곧 '인간의 자연화'인 것이 틀림없다. 대중은 인간의 자연화를 마치 자연과학의 확증된 연구 결과인 양 여기고, 일부 지식인들은 자연과학적 인간관을 벗어난 모든 것은 미신이나 허구라고 떠든다. 그러나 필자는 도리어 자연과학적 인간관이 우리를 특정한 방향으로 내모는 이데올로기일 수 있다고 본다. 그 방향으로 나아갈수록 더 희미해지는 것은 자유로운 행위자로서의 인간, 역사를 만들어가는 인간이다.

철학자 맑스는 유물론자로 유명하다. 실제로 그는 인간을 자연의 일부로 본다. 그럼 그는 자연과학적 인간관의 신봉자일까? 전혀 그렇지 않다. 맑스는 '인간의 완벽한 자연화'를 이야기하지만 또한 동시에 '자연의 완벽한 인간화'도 이야기한다. 자연과 인간 중에 어느 한쪽이 다른 한쪽에 일방적으로 흡수되는 일은 없다. 맑스에 따르면, 인간과 자연이 하나되는 지점, 곧 인간의 자연화와 자연의 인간화가 이루어지는 지점은 다름 아니라 '노동'이다. 그런데 필자는 '스포츠'도 그런 지점이라는 생각에 이르렀다.

스포츠는 인간과 자연이 동등한 맞상대로서 절묘한 조화를 이루는 지점이다. 어떤 의미에서 그러할까? 온 힘을 다해 드라이브를 날리는 탁구선수의 모습을 상상해보라. 그 모습은 인간인가, 자연인가? 이 질문의 답과 뒤이은 이야기는 다음 호를 기대하시라.

– 전대호, 「탁구와 철학(25)」, 『월간 탁구』, 2017년 12월호.

☞ 자료들의 적절성

☞ 추가할 자료 목록

학 과		성 명	
학 번		실시일	

1. 아래의 예문은 서평으로 글쓴이는 저자의 견해에 동의를 표하고 있다. 그러나 한 권의 책에만 의존하고 있으므로 과학적 중립성이 의심될 수도 있다. 이를 보완하거나 비판하기 위한 자료를 찾고, 그것들에 근거해서 이 문제를 검토하고 결론을 구상해보자.

> **예문**
>
> "75억의 인구가 지구에 있다면, 그들 각자는 75억 개의 서로 다른 세계에서 살고 있는 셈이다." 이 부분은 책을 읽으며 가장 기억에 남은 문구다. 『여자의 뇌 남자의 뇌 따윈 없어』(송민령)에서 저자는 한 사람 한 사람의 뇌를 고유의 세계로 표현하며 개성과 다름에 대해 정의했다. 또한 '남자의 뇌', '여자의 뇌'와 같이 이분법으로 뇌를 나누는 시각을 주의하라고 했다.
>
> 신경의 기원이나 뇌의 구조, 부분에 따른 역할을 설명하는 책은 식상하다. 대부분의 신경과학 책은 그러한 내용을 주로 삼으며 독자들을 지루하게 만든다. 그러나 송민령 저자는 조금 다른 관점에서 뇌를 접근해보았다. 사람들이 궁금해 하는 신경과학의 여러 측면과 함께 과학의 저변에 깔린 오류 그리고 지난 과학을 회고하는 형식과 최신 연구를 소개하는 구성을 갖췄다.
>
> **세상을 보는 개개인의 관점**
>
> 사람들은 특정 대상을 볼 때 자신의 전공이나 관심 정도에 따라 다르게 접근하여 본다. 예를 들어, 해저 탐험을 다룬 영상을 함께 보고 공학자는 '저 잠수함을 어떻게 만들까'라고 질문하지만 자연 과학자의 경우 '심해에는 빛이 없는데 왜 알록달록한 심해어가 있나'라고 고민한다. 전공이나 관심도에 따라 만드는 질문과 세상을 구체화해나가는 방식이 조금씩 다른 것이다. 과학계는 여러 관심사를 가진 사람들이 모인 집단이다. 그래서 세상을 보는 답 역시 하나로 통일되지 않는 경우가 허다하다.
>
> 가장 큰 오류는 유명 저널에 실린 논문이 학계의 논란을 평정하고 있다는 생각이다. 물론 엄밀한 심사 과정을 거쳐 저널에 실린 논문이기는 해도 적확한 후속 실험으로 부정되는 일이 드물지 않다.
>
> 가령 성인의 해마에서 더는 신경세포가 새로 생기지 않는다는 과거 주장에 반하여 오늘날

은 성인의 뇌에 신경세포가 새로 생길 수 있다는 논문들이 쏟아지고 있다. 저자에 따르면, 과학이란 과학자들이 증거를 겨루는 집단적인 과정이다. 지식이란 어차피 변해가므로 증거를 축적하는 과학적 사고와 방법을 훈련해야 한다.

신경과학은 사회 문제와 여러 인간의 심리를 포괄하여 설명하는 분야다. 한때 우리는 시장의 보이지 않는 손이 모든 인간 문제를 해결할 것이라 믿었다. 최근 추세는 인간의 행동을 직접 관측하며 잘못된 통념을 하나하나 확인해가고 있다. 신경과학은 ▲ 인간에 대한 가정 ▲ 세상에 대한 가정 ▲ 세상 속에서 인간이 차지하는 위치에 대한 가정을 개선하는 데 한 몫을 하고 있다.

어제의 뇌는 오늘과 같지 않다

두 사람이 같은 환경에 있을 때 간혹 뇌 활동에 비슷한 부분이 생긴다. 누군가와 대화할 때, 협력할 때, 공감할 때 나의 뇌는 상대방과 동기화되며 변화되곤 한다. 주변에 침울해하는 사람이 있으면 덩달아 침울해지고, 주변에 밝고 명랑한 사람이 있으면 덩달아 기분이 좋아지는 것도 같은 경우다.

이러한 공감은 유리한 방향으로 나의 행동을 수정하도록 안내한다. 도덕적으로 옳은 측면도 있지만 나를 위해서도 공감은 필요한 것이다. 오래 함께한 부부가 서로 닮아가는 것이나 닮고 싶은 사람과 가까이 지내라는 것도 이런 이유일 수 있다.

뇌의 변화는 나이에 따라 세상을 느끼게 하는 감각을 변화시키기도 한다. 이는 뇌가 평생토록 변해가기에 그렇다. 현재의 우리는 아기였을 때, 아이였을 때, 청소년이었을 때, 청년이었을 때 세상을 경험하던 방식으로 다시는 세상을 볼 수 없다.

또한 지금 세상을 보고 경험하는 방식 역시 몇 년이 지나면 바뀌게 된다. 이는 뇌의 마법과도 같은 신경 변화로 인해서다. 연령대별로 그 나이에만 주어지는 독특한 시각과 기회가 있는 것이다. 저자는 세대 차이가 이러한 맥락에서 발생하는 것이리라 보는데, 과거의 어린 나를 이해하기 어려운 것도 이에 포함되리라 생각된다.

하루하루 살아가는 사람들은 감각으로 느끼는 바가 모두 다르다. 이에 정답은 없다. 특정 감각 기관을 허투루 사용하면 그 기관은 퇴화되기도 한다. 시험에서 갓 태어난 한 아기 고양이의 한쪽 눈을 몇 개월간 가려두었다. 그러자 가려둔 쪽 눈에 연결된 시각 뇌 영역의 신경 네트워크가 다듬어지는 데 필요한 시각 자극을 경험하지 못했다. 이로써 고양이는 나중에 눈을 뜬 뒤에도 아무것도 보지 못하게 된 사례가 있다.

『여자의 뇌 남자의 뇌 따원 없어』는 사회 경제적인 측면과 사회 현상을 뇌신경학적인 분석하면서 스스로를 성찰하게 만든다. 책을 통해 독자들은 '한 아이를 성장시키는데 온 마을이 필요하다'거나 '인간의 긍정적인 잠재력을 위해 국가는 좋은 환경을 만들려 노력해야 한다'는 사실의 중요성을 파악할 수 있으리라 본다.

– 김재호, 「세대 차이의 이유, 뇌에 있다」, 『오마이뉴스』, 2019.11.22.

☞ 보완 및 비판을 위한 자료 목록

_____

_____

_____

_____

_____

_____

☞ 해당 사안 검토

_____

_____

_____

☞ 결론(가안)

학 과		성 명	
학 번		실시일	

1. 아래의 예문은 자연현상의 하나를 단신으로 전한 뉴스이다. 하지만 전문성의 결여로 현상이 빚어낸 신비성을 부각시켰을 뿐 그것의 원인을 밀도 있게 다루지 않았다. 이 현상에 대한 자세한 이해를 마련해줄 자료의 목록을 작성하고, 거기에 근거해서 그 원인을 규명한 다음, 결론을 써보자.

> **예문**
>
> 한여름에도 얼음이 어는 얼음골, 종소리가 나는 만어사 경석과 함께 경남 밀양의 '3대 신비'로 알려진 사명대사 표충비각에 18일 새벽 4시부터 오전 9시경까지 1리터 가량 땀이 흘렀다.
>
> 무안면 홍제사(무안리 903-5) 내에 소재한 표충비각은 경상남도 유형 문화제 제15호로 이 비석은 국가에 큰 일이 있을 때마다 땀을 흘려 그 조짐을 미리 알려 준다는 이야기로 유명하다. 민간에서는 이러한 현상을 사명대사의 우국충정이 지금까지 전해지기 때문이라고 믿으며, 이 비를 신성시하고 있다. 더욱이 땀방울이 글자의 획 안이나 머릿돌과 받침돌에는 맺히지 않는다해 그 신비함을 더해주고 있다.
>
> 표충비가의 땀흘린 역사를 되짚어 보면 1894년 동학농민 운동을 시작으로 1919년 3.1 독립만세운동, 1945년 8.15 해방, 1950년 6.25 전쟁, 1985년 남북고향 방문 무렵에 한출 기록이 있으며, 최근에는 2008년 FTA 소고기협상, 2009년 김수환 추기경 선종, 2010년 천안함 침몰, 2017년 대통령 탄핵심판 시, 한출한 바 있다.
>
> – 강종효, 「"이번엔 무슨 일이지?" 경남 밀양 사명대사 표충비각 한출」, 『쿠키뉴스』, 2019.11.18.

☞ 현상 규명을 위한 자료 목록

_____

_____

_____

☞ 원인 규명

☞ 결론(가안)

2. 자료의 수집과 편집
3) 자료의 편집과 글의 흐름에 대한 예상

1) 자료의 편집과 재구성
　①자료 제시는 최상의 자료들을 엄선하여 난삽하지 않게 할 것
　②자료는 활용 방식에 따라 글에서의 역할과 의미가 달라질 수 있음에 유의할 것
　③자료를 재구성한다는 것은 자료 가운데 일부나 전체를 필요한 만큼 옮겨 오는
　　것과 그렇게 따온 자료들을 자신이 쓰고자 하는 글의 흐름에 따라 온당하게 배치
　　한다는 뜻

2) 사실과 의견의 판별
　①글이란 일반적으로 글쓴이의 적극적인 의사 표현 행위의 결과물임
　②사실을 기록한 자료와 주관적 관점이 개입된 자료를 분별할 것
　③타인의 주관적 해석과 주장을 최대한 훼손하지 않고 글쓰기의 자료로 활용
　　할 것

학 과		성 명	
학 번		실시일	

1. 다음의 예문들을 읽어보고 주제를 하나 정한 뒤, 글쓰기에 필요한 자료들을 뉴스나 블로그 등 인터넷 상에서 찾아내고 선별해보자.

※ 선별의 과정과 방법은 이론서의 "Ⅱ-2-1)-(1) 도서관 이용법"을 참고하자.

예문 1

이날 토론의 주제는 '과학자의 언어는 대중의 언어로 해석될 수 있을까'로 김튼튼 IBS 나노우주물리연구단 연구위원과, 김훈기 홍익대 교수, 오철우 전 한겨레 기자, 한상욱 한국과학기술연구원(KIST) 책임연구원 등이 토론에 참여해 과학자와 대중 간 소통의 어려움에 대해 논의했다. 이종필 건국대 상허교양대 교수는 "과학이 20세기로 넘어오며 보이지 않는 세상, 직관으로 경험할 수 없는 세계로 넘어가 완전히 언어가 달라졌다"며 "알버트 아인슈타인과 닐스 보어 같은 당대 최고의 과학자들조차 (보통의) 인간의 언어체계로 모든 논리를 다 세우려 했지만 20세기 상대성 이론이나 양자역학이 등장하며 그것이 여지없이 박살나 버렸다"며 현 상황을 설명했다.

하지만 그럼에도 세금을 받아 연구하는 연구자로써 세금을 내는 대중에게 연구에 대해 설명해야 할 당연한 의무가 있다고 토론 참가자들은 강조했다. 염한웅 포스텍 물리학과 교수는 "국가에서 나오는 연구비가 없다면 과학이라는 것은 존재할 수 없다"며 "대중들이 연구비를 지불하는 것이에게 납세자들에게 연구 내용을 잘 설명하는 것은 당연한 것이다"고 말했다. 황정아 연구원과 오철우 전 기자도 "과학이라는 것 자체가 공공재"라며 같은 입장을 보였다.

토론 참가자들은 이런 의무를 이행하기 위해 연구자들의 더 적극적인 소통 활동이 필요하다며 입을 모았다. 오 전 기자는 "'모르는 여러분에게 내가 얘기한다' 그런 태도 말고 연구자들도 소통의 능력을 갖춰 대중과 소통할 수 있다"며 "공공적인 목적을 위해 유용한 것이라면 과학자의 언어도 거기에 맞게 적절하게 바꿔야 한다"고 말했다. 이종필 교수도 "과학자가 논문이 아닌 어떤 형태로든 자료를 많이 배포해야 한다"며 "과학을 홍보하는 사람조차 논문을 보고 1차적 내용을 알기가 굉장히 어렵다"고 말했다.

적극적인 소통 활동과 관련해 연구자 입장의 어려움을 토로했다. 김튼튼 연구위원은 "과학자들은 소통 활동 경험이 없고 시간을 많이 뺏긴다고 생각하는 경향이 있다"며 "저도 소통을 위해 보도자료를 써봤지만 2~3일을 공들여 쓴 보도자료가 '네이처나 사이언스도 아닌데 뭐가 대단하냐' 등의 댓글 평가를 받을 때 잡일처럼 느껴졌다"고 말했다. 한상욱 연구원도 "연구 현장에서는 홍보하는 것을 싫어한다"며 "시간이 많이 소비하기 때문이다"고 말했다.

연구자의 적극적 소통 활동을 막는 내부적 분위기도 또다른 어려움으로 꼽혔다. 한 연구원은 "연구가 홍보되는 순간 괜히 연구자가 욕을 먹게 된다"며 "중간에 전달하는 상황에서 왜곡되는 경우도 생기는데 동료 연구자가 볼 때 이게 거짓말하는 게 되는 것이다. '왜 다른 사람에게 욕을 먹어야 하고 왜 시간을 들여야 하는지'가 연구현장의 분위기"라고 설명했다. 김 연구위원도 "보도자료를 통해 기사가 나가면 동료 연구자들이 '얘 다른 생각이 있나? 되게 튀고 싶나?' 이런 주변 의식이 있다"고 말했다.

토론 참가자들은 결국 이 둘을 매개하는 과학 커뮤니케이터의 역할이 중요하다고 입을 모았다. 한 연구원은 "연구자들에게 연구를 어떻게 설명해야 할까는 너무나 어려운 숙제다"며 "긴밀한 소통을 통해 일반 대중 분들에게 하는 일들의 의의나 영향을 충분히 공감하게 하는 과학 커뮤니케이터와 같은 또 다른 전문가들의 도움이 필요하다"고 말했다. 황정아 연구원은 "과학자들이 본인의 연구에 사용된 직접적인 결과를 수식을 통해 설명하면 일반 대중은 어려워하고 거리감 있게 느낀다"며 "이런 간극을 연결해줄 수 있는 게 과학 커뮤니케이터"라고 말했다.

– 조승한, 「과학자의 언어는 사회문제 푸는 합리성을 제시해」, 『동아사이언스』, 2019.12.6. 부분

예문 2

투표의 순서에 따라 결과가 바뀌는 경우가 있다.

어느 날 3명의 친구(A, B, C)가 점심 때 무엇을 먹을지 이야기를 나누고 있었다. 점심의 후보는 카레, 메밀국수, 우동의 세 가지이다. 그래서 3명은 '민주적으로' 다수결로 정하기로 했다.

먼저 '카레와 메밀국수 둘 중에는 어느 것이 좋을까?'로 투표했더니 메밀국수 2표, 카레 1표로 메밀국수가 이겼다. 다음에 '승자인 메밀국수와 우동 둘 중에는 어느 것이 좋을까?'로 투표한 결과 우동 2표, 메밀국수 1표로 우동이 이겼다. 3명은 이 다수결 결과에 따라 우동 가게에서 점심을 먹었다.

이 결과에는 어떤 문제가 있을까?

이 투표는 얼핏 보면 민주적인 방법으로 보인다. 그러나 실은 중대한 문제가 있다. 예컨대 A는 '메밀국수〉카레〉우동'의 차례로 먹고 싶었다고 가정하자. 그리고 B는 '카레〉우동〉메밀국수', C는 '우동〉메밀국수〉카레'의 차례로 먹고 싶었다고 가정하자. 실은 이 경우에는 카레, 메밀국수, 우동 어느 것이나 승자가 될 수 있다.

앞서의 투표에서는 맨 처음에 '카레 대 메밀국수'로 했지만, 최초의 대결을 '카레 대 우동'으로 해 보자. 그러면 카레 2표, 우동 1표로 카레가 이기고, 다음에 '승자인 카레 대 메밀국수'로 투표하면 메밀국수 2표, 카레 1표로 메밀국수가 최종적으로 선택된다.

한편 최초의 대결을 '메밀국수 대 우동'으로 하면 우동 2표, 메밀국수 1표로 우동이 이기고, '승자인 우동 대 카레'에서는 카레 2표, 우동 1표로 카레가 선택된다.

위와 같은 '토너먼트 방식의 다수결'인 경우에는, 집단 구성원의 의사는 변함이 없는데도 투표를 하는 순서에 따라 결과가 바뀌는 일이 있다.

다수결의 결과로 '가장 나쁜 것'이 선택되는 경우가 있다.

다수결로 선택된 것이 가장 좋기는커녕 '가장 나쁘다.'고 판단된 예도 있다. 정말 그런 일이 일어날 수 있을까? 만약 그런 일이 일어난다면 민주주의의 근간을 뒤흔들 만한 문제이다.

7명의 친구(A, B, C, D, E, F, G)가 점심에 무엇을 먹을지 이야기를 나누고 있다. 점심 후보는 카레, 메밀국수, 우동 세 가지이다. 그래서 7명이 각각 '가장 먹고 싶은 음식'에 대해 다수결로 결정했다.

그러자 메밀국수가 3표, 카레가 2표, 우동 2표로 가장 많은 지지를 얻은 것은 메밀국수였다. 그래서 7명은 메밀국수를 먹으러 가기로 했다. 이 이야기를 들으면 아무 문제가 없는 것처럼 보인다. 그러나 잘 살펴보면 의외의 결과가 밝혀진다.

A부터 G까지 7명이 먹고 싶은 것의 순서를 정리하면 아래의 표와 같다. 앞서와 같은 다수결을 하면 메밀국수가 3표를 얻어 선택되는 것을 알 수 있다.

	메밀국수	카레	우동
A	1	2	3
B	1	2	3
C	1	3	2
D	3	1	2
E	3	1	2
F	3	2	1
G	3	2	1

그러면 다음으로는 '가장 먹고 싶지 않은 음식'을 다수결로 골라보자. 표를 살펴보면, '가장 먹고 싶은 음식'으로 선택되었던 메밀국수가 여기서도 4표를 얻어 선택되는 것이다.

이어서 이번에는 두 가지 메뉴를 가지고 어느 음식이 먹고 싶은지를 1대1로 비교해 보면 어떻게 될까? 이런 투표 방식을 '리그전 결선 방식'이라고 한다.

'메밀국수 대 카레'로 어느 음식을 먹고 싶은지를 전원에게 질문하면 3대 4로 카레가 이기는 것을 알 수 있다. 마찬가지로 비교하면 '카레 대 우동'에서는 카레가 이기고, '우동 대 메밀국수'에서는 우동이 이긴다.

즉 카레가 메밀국수나 우동보다 더 먹고 싶은 음식이었다. 한편 메밀국수는 어느 메뉴와 비교해도 '가장 먹고 싶지 않은 음식'이었다.

이렇게 보면 '최선'과 '최악'의 투표 결과가 일치하거나, 1대1로 비교했을 때 가장 높이 평가된 것이 선택되지 않고, 가장 낮게 평가된 것이 선택되는 경우가 생김을 알 수 있다. 이처럼 각 투표자가 합리적인 판단을 바탕으로 투표를 했는데도 불합리한 투표 결과가 발생하는 일이 있다.

투표가 가지고 있는 이 같은 성질을 최초로 밝힌 사람은 18세기 프랑스의 수학자·정치학자 콩도르세 후작(1743~1794)이다. 그리고 '리그전 결선 방식'으로 1위가 된 것을 '콩도르세 승자'라고 한다.

– 「투표의 패러독스」, 『Newton Highlight 127』, 아이뉴턴, 2019.

예문 3

그 다음으로 중요한 요소는 다윈 자신이 강조한 **경쟁**이다(비록 다윈은 분자가 아닌 동식물에 관하여 기술하고 있지만 말이다). 원시 수프가 무한히 많은 자기 복제자 분자를 담고 있기는 불가능했다. 우선 지구의 크기가 한정되어 있고, 또 다른 제한 요인 역시 중요했을 것이다. 상상해 보면, 주형이 되는 자기 복제자는 복사본을 만드는 데 필요한 작은 구성 요소 분자들이 풍부하게 존재하는 수프 속에서 떠돌아다녔을 것이다. 그러나 자기 복제가 점점 많아지면서 구성 요소 분자는 점점 더 소진되어 결국 희소하고 귀중한 자원이 되었을 것이 틀림없다. 그리고 그 자원을 차지하기 위하여 자기 복제의 여러 가지 변종들 내지 계통들이 경쟁했을 것이다. 유리한 종류의 자기 복제자의 수를 증가시키는 요인에 대해서는 이미 앞에서 검토하였다. 별로 유리하지 않은 종류는 경쟁으로 인해 그 수가 줄었고 결국은 그 계통의 대다수가 절멸했을 것이다. (생략) 이러한 개량과정은 누적되는 것이다. 안정성을 증가시켜 경쟁 상대의 안정성을 감소시키는 방법은 점점 교묘해지고 효과적이 되었다. 그 중에는 자기와 경쟁하는 종류의 분자를 화학적으로 파괴하는 방법을 '발견하여' 한때 다른 분자를 구성했던 구성 요소를 자기의 사본으로 만드는 데 이용하는 개체도 있었을 것이다. 이들 원시 육식자는 먹이를 얻음과 동시에 경쟁 상대를 제거할 수 있었다. 아마도 어떤 자기 복제자는 화학적으로 자신을 보호하거나 둘레에 단백질 벽을 만들어 스스로 방어하는 방법을 찾아냈을 것이다. 아마도 이렇게 하여 최초의 살아 있는 세포가 나타나게 되었을 것이다. 자기 복제자는 단순히 존재하는 것만이 아니라 계속 존재하기 위해 자신을 담을 그릇, 즉 운반자vehicle까지 만들기 시작했던 것이다. 살아남은 자기 복제자는 자기가 들어앉을 수 있는 **생존 기계**를 스스로 축조한 것이다. 최초의 생존 기계는 아마도 보호용의 외피 정도였을 것이다. 그러나 더 우수하고 효과적인 생존 기계를 갖춘 새로운 경쟁 상대가 나타남에 따라 살아가는 것이 점점 더 어려워졌다. 이와 같은 환경 속에서 생존 기계는 더 커지고 더 정교해졌으며 이 과정은 누적되고 계속 진행되었다.

(생략) 오늘날 자기 복제자는 덜거덕거리는 거대한 로봇 속에서 바깥세상과 차단된 채 안전하게 집단으로 떼지어 살면서, 복잡한 간접 경로로 바깥세상과 의사소통하고 원격조정기로 바깥세상을 조종한다. 그들은 당신 안에도 내 안에도 있다. 그들은 우리의 몸과 마음을 창조했다. 그리고 그들이 살아 있다는 사실이야말로 우리가 존재하는 궁극적인 이론적 근거이기도 하다. 자기 복제자는 기나긴 길을 지나 여기까지 왔다. 이제 그들은 유전자라는 이름으로 계속 나아갈 것이며, 우리는 그들의 생존 기계다.

- 리처드 도킨스, 홍영남·이상임 옮김, 『이기적 유전자』, 을유문화사, 2018. 부분

1. 선택 주제

_____

_____

_____

_____

2. 관련 자료 목록

---

3. 선별한 자료와 그 이유

학 과		성 명	
학 번		실시일	

1. 자신이 쓸 글의 대략적인 흐름을 염두에 두고, 앞의 연습문제에서 얻은 결과물을 어떤 방식으로 배치하고 활용(해석)할 것인지를 구상해보자.

자료 1.

자료 2.

자료 3.

자료 4.

자료 5.

자료 6.

자료 7.

자료 8.

학 과		성 명	
학 번		실시일	

1. 아래 예문의 과정을 거쳐 자신이 쓸 글의 대강을 구상해보자.

> **예문**
>
> 1. 전공(입문)서 중 하나를 선택해서 참고문헌 목록을 확인하자.
> 2. 목록들에서 관심이 가는 주제를 찾은 후, 동일 주제를 다룬 자료를 선별하자.
> 3. 도서관 홈페이지에서 로그인한 다음, 화면 하단의 RISS(학술연구정보서비스) 링크를 클릭하여 이동하자.
> 4. '2'의 주제어로 학위논문·소논문·단행본·기사 등을 검색하여, 주제를 구체화하자.
> 5. '4'까지의 결과를 바탕으로 자신이 쓸 글의 대략적인 흐름을 작성하고, 각 자료를 어떤 방식으로 배치하고 활용(해석)할 것인지에 대해 써보자.

☞ 주제어

_____

_____

_____

_____

☞ 구체화된 주제어(글의 제목)

_____

_____

_____

_____

☞ 개요

_____

_____

_____

_____

_____

_____

☞ 자료의 배치와 활용(해석) 방안

_____

_____

_____

_____

_____

_____

_____

3. 내용 조직하기

서론	글감, 주제, 문제의식, 핵심 문제, 핵심어, 관점, 범위 등 제시
본론	본론 1: 소주제문
	뒷받침하는 내용 근거 자료
	본론 2: 소주제문
	뒷받침하는 내용 ※ 근거 자료 더 보완할 것
	본론 3: 소주제문
	뒷받침하는 내용 근거 자료 ⋮ ⋮
결론	글 전체의 잠정적인 결론, 향후 과제

예문

　최근에 자율주행자동차 내지 자율주행기능을 탑재한 차량이 도로 주행을 하다가 사고를 내는 경우가 비교적 자주 발생하고 있다. 특히 건널목을 건너는 보행자 사망사고를 일으킨 우버의 시범 자율주행자동차 사고는 사회적으로 자율주행자동차 윤리에 대한 뜨거운 논쟁을 불러일으켰다. 자율주행자동차는 보통 자동화의 수준에 따라 인간 운전자에 의해 전적으로 운전이 이뤄지는 비자동화의 0단계, 운전자의 운전 상태에서 핸들 조향 및 가감속을 지원하는 1단계, 핸들 방향 조종 및 가감속 등 하나 이상의 자동화기능을 포함하는 부분적 자동화인 2단계, 차량이 주변 환경을 파악해 자율주행을 하지만, 경우에 따라 운전자 개입이 필요한 높은 자동화인 3단계, 모든 환경에서 운전자의 개입이 없어도 주행이 이뤄지는 충분한 자동화의 4단계, 출발에서 도착까지 스스로 운행하기 때문에 운전자가 필요 없는 완전 자동화의 5단계로 나눠진다. 자율주행자동차 윤리 문제는 일반적으로 인간 운전자가 개입하지 않는 4-5단계 수준에서 발생한다.

　대체로 자율주행자동차 도입의 필요성을 주장하는 논거는 두 가지로 집약된다. 하나는 교통약자들의 교통접근성을 보장해준다는 것이다. 노약자나 장애인을 포함하여 교통 약자들의 이동권을 보장해줄 수 있다는 것이다. 또 다른 강력한 근거는 바로 안전성이다. 사람의 실수로 발생하는 자동차사고로 인한 인명과 재산상의 손실은 통계수치를 인용하지 않더라도 놀라울 정도이다. 실제로 전 세계에서 매년 125만 명이 교통사고로 사망한다는 통계가 보고되고 있다. 자율주행자동차는 이러한 손상에 대한 강력한 대안으로 제안되고 있다. 자율주행자동차의 윤리적 문제를 극복할 수 있는 기술이 아직까지 완전하지 못하더라도 자율주행자동차의 도입을 억제하거나 막을 수는 없을 것이다. 새로운 기술의 도입은 이 기술에 대한 수요와 이로 부터 우리가 얻을 수 있는 편리함에서 매우 강력한 동력을 얻게 된다. 이러한 동력을 막을 수 없다면, 이 기술이 도입되어 우리 생활에 영향을 미치는 과정을 어떻게 조절하고 관리하느냐가 그 다음으로 중요한 문제로 등장하게 된다. 자율주행자동차는 각종 센서와 인공지능을 장착한 기계장치가 인간 운전자를 대체하지만 운전 시 급박한 상황(예: 중앙선 침범이나 교통법규의 위반이 오히려 피해를 최소화하는 상황 등)을 접하게 되고 여러 가치를 고려해 행동해야하기 때문에 윤리적 판단이 불가피하다. 윤리적 판단이 가능한 자율주행자동차 디자인의 첫 단계는 자율주행자동차의 가장 큰 원칙인 윤리가이드라인을 제정하는 일이고, 이어서는 자율주행자동차 설계자, 제작자 및 사용자가 준수해야 할 하위 규칙들을 설정하고, 마지막으로는 프로그래밍을 통해 행동의 틀을 제시함으로 완성된다.

– 변순용·황기연·임이정, 「자율주행자동차에 대한 한국형 윤리 가이드라인 연구」,
『윤리연구』 123호, 한국윤리학회, 2018. 부분

1. 예문은 '자율주행자동차의 윤리'문제에 대한 논문의 서론이다. 예문을 읽고 '자율주행자동차'에 관한 서론 부분(글감, 주제, 문제의식, 핵심 문제, 핵심어, 관점, 범위 등)을 작성하여보자.

2. 작성된 서론을 토대로 본론(소주제문, 근거자료)을 구성해보자.

3. 자율주행자동차의 시대가 온다면 어떠한 윤리적 문제가 도래할지 브레인스토밍을 해보자. 나아가 해결 방안을 모색해보자.

1. 단락 쓰기
1) 단락구성의 원리

단락을 제대로 이해해야 글 전체의 짜임새와 응집력을 확보할 수 있다

단락의 구성 원리
①일관성: 소주제문과 밀접한 연관을 맺고 있는 뒷받침 문장들이 있어야 한다
②연결성: 문장들 사이의 논리적 연결 관계가 자연스러워야 한다
③강조성: 단락마다 중심 생각을 부각해야 한다

학 과		성 명	
학 번		실시일	

1. 다음 단락은 대학 신입생이 지구의 환경 위기에 대한 생각을 서술한 부분이다. 밑줄 친 부분의 문장이 위 단락의 소주제문인데, 이 소주제문은 뒷받침 문장들과 긴밀한 연관성을 맺고 있지 못하다. 그러다보니 소주제문의 핵심이 뚜렷하지 않고, 단락의 의미 맥락에서 일관성이 결여되어 있다. 밑줄 친 소주제문의 의미를 뒷받침해주는 문장들을 새롭게 작성하여, 소주제문의 의미를 명확히 드러내보자.

예문

현재 인간의 역량으로는 지구 이외에 다른 곳에서 살 수 없다. 또한 현재의 환경에서 가장 진화가 빠르고 먹이사슬의 가장 꼭대기에서 군림하는 인간이 다르게 바뀐 환경에서 먹이사슬의 어디쯤에 위치할지는 아무도 예측할 수가 없다. 하지만 한 가지 예측이 가능한 것은 현재 지구의 환경에서 그 어떤 생명체보다 먹이사슬의 가장 위에 있으므로, 환경이 바뀐다면 지금의 위치보다는 낮아지면 낮아졌지 높아질 수는 없다는 것이다. 이미 각종 자연 파괴로 인해 인간에게 점점 불리한 환경으로 지구는 변화되고 있다. 심지어는 인간이 살 수 없는 환경이 되어 인간이 현재의 고래처럼 멸종위기에 처할 수도 있는 것이다. 때문에 우리는 우리가 더 군림하기 위하여, 또한 생존하기 위하여 환경을 보호하고 이대로 유지할 필요가 있다.

– 학생글에서

학 과		성 명	
학 번		실시일	

1. 맹목적으로 준비하는 대학 입시에 대한 비판적 사유를 드러내는 글이다. 그런데 글쓴이가 주장하고자 하는 글의 핵심을 논리적으로 부각시키고 있지 못하다. 문장이 자연스럽게 연결이 안 되는 이유를 생각해보고, 문장의 흐름을 매끄럽게 고쳐보자.

> **예문**
>
> 많은 사람들은 '수능(수학능력시험)' 점수가 인생을 결정짓는다고들 말한다. 그리고 학생들은 그 말을 당연하다는 듯이 받아들인다. 어느 누구도 100년이나 되는 긴 세월의 인생이 단 19년 만에, 아니 중, 고등학교 6년 동안 결정지어진다는 것에 대해 아무런 의심을 하지 않는다. 어쩌면 그럴지도 모른다. 매년 11월 중순부터 12월 중순까지는 '수능' 성적을 비관하는 학생들의 투신자살 뉴스로 떠들썩하다. 거의 연례행사나 다름없는 일이다. 기계처럼 공부만 하다 스무 살도 되기 전에 자살로 끝을 맺는 인생이 바로 '수능'이 만드는 인생이다. 그야말로 '인생의 무덤'이라 할 만 하다.
>
> 그렇다면 과연 이 '인생의 무덤'을 계속 유지시켜 나가야 하는가? '수능'이라는 주입식 암기교육 시스템이 과연 세계 최고의 교육 시스템일까? 아닐 것이다. 우리나라의 교육열은 세계 최고 수준이고, 다른 나라 사람들에게 결코 뒤쳐지지 않는 재능을 가진 학생들로 바글바글하다. 그렇다고 해서 세계 여러 나라의 사람들과 비교했을 때, 우리의 지적 수준이 월등한가, 하면 그것도 아니다. 그렇다면 반드시 '수능'이라는 시스템을 유지해야 할 이유는 없을 것이라고 생각한다.
>
> − 학생글에서

학 과		성 명	
학 번		실시일	

1. 다음 글에서 소주제문을 찾아보고, 소주제문을 부각시키기 위해 뒷받침 문장을 어떻게 효과적으로 구사해야 하는지, 위의 글을 새롭게 고쳐 써보자.

예문

　　우리는 때로 독(毒)이 약이 될 수 있고, 고통이 성숙의 기본 요소이듯 〈악〉이 선의구성 요소가 된다는 사실을 깨닫지 못하고 있다. 그러나 실제로 악과 선은 불가분의 관계를 맺고 있으며, 악이 극도에 달하면 선이 될 수도 있다. 오랫동안 진급을 하지 못하여 절망에 빠졌던 한 관리가 그 일로 인해 오히려 더 커다란 행복과 고귀한 생애를 누리게 될 수도 있다. 정상인은 분명히 맹인이 불행하다고 여기지만, 맹인은 오히려 모든 괴로운 상황을 보지 않음으로써, 또 다른 감각을 발달시켜 정상인보다 불편 없이 살아갈 수 있다. 오히려 본다는 것을 모르기 때문에 보이지 않는다는 것의 불편함을 모르고 있기 때문이다.

－ 장그르니에, 장희숙 역, 『자유에 관하여』, 청하, 1992. 부분

학 과		성 명	
학 번		실시일	

1. 다음 단락을 읽고 자연스레 이어질 내용으로 한 단락을 써보자.

예문

　모든 이론적 작업이 단기간에 확인될 수 있는 가시적 성과만을 목표로 하고 있는 것은 아니지만, 당장 직접적으로 활용할 수 없는 순수한 이론적 연구보다는 구체적 소득을 가져다 줄 수 있는 실용적 연구가 더 선호되는 것은 부인할 수 없는 사실이다. 이러한 실용적 연구에 재정적 지원이 집중되는 현실에서 연구 예산 확보라는 문제가 실험실의 작업 방향에 영향을 끼치는 것은 어쩌면 당연하다.

　　　　－최병권·이정옥, 『세계의 교양을 읽는다 ― 바칼로레아 논술고사의 예리한 질문과 놀라운 답변들』, 휴머니스트, 2003. 부분

학 과		성 명	
학 번		실시일	

1. 다음 소주제문을 가지고 한 단락을 써보자.

소주제문: 과학은 우리에게 다양한 분야의 지식을 제공한다.

학 과		성 명	
학 번		실시일	

1. 다음 글을 읽고 자신의 생각을 한 단락으로 써보자.

예문

　　나는 우주에 있는 다른 생명체에 관해 생각하기를 좋아한다. 하지만 놀랍게도 나는 과학자들 중에도 지성을 가진 외계인이 있다는 생각을 거부하는 이들을 발견하곤 한다. 이들의 생각은 19세기에 찰스 다윈(Charles Darwin)과 함께 자연선택을 발견한 자연사가이자 사상가인 알프레드 월러스(Alfred Wallace)로부터 유래한다. 월러스는 인간과 지구 위의 생명들이 우주 안에서 유일한 존재들이라고 주장했다. 그에 따르면 생명은 지구의 기후와 물리적·지질학적 현상들과 상당히 미묘하고 밀접하게 균형을 이루고 있으며 심지어 태양계와 은하 속의 지구의 위치와도 관련되어 있으므로 다른 어디에 그토록 놀랍고 미묘한 관계가 재현될 확률은 없다는 것이다.

　　이 생각은 오늘날에도 끈질기게 계속되고 있으나 많은 생물학자들은 이 생각이 가진 문제를 깨닫게 되었다. 월러스의 생각은 생명체와 지구가 함께 진화하고 있으며 서로 자발적으로 친숙한 관계를 유지한다는 사실을 무시하기 때문이다. 우리는, 그리고 우리의 동료인 다른 사람들과 동물, 식물, 미생물들은 지구를 그들 자신에 맞게 변화시켜온 것이다. 만약 우리가 그렇지 않았다면 우리는 여기에 있지도 못할 것이다. 우리는 이곳 지구가 아닌 다른 우주 어딘가에 존재할 수도 있지만(우리는 그곳에서도 환경이 우리에게 잘 들어맞는다는 사실에 감명받게 될 것이다) 아마 아예 존재하지도 않을 공산이 크다. 대신 우리 아닌 다른 어떤 것들이 존재할 것이다.

－존 포스트게이트, 박형욱 역, 『극단의 생명 : 미생물에 관한 재미있는 이야기』, 코기토, 2003. 부분

1. 단락 쓰기

2) 단락의 연결

아무리 개별 단락이 잘 쓰였다 하더라도 각 단락 사이의 논리적 연결이 매끄럽지 못하면 전체 글의 짜임새가 엉성해지고, 그에 따라 생각이 정확히 전달되지 못한다

①접속어의 적절한 사용: 접속어의 적절한 사용은 글쓰기의 과학성을 보증한다
②단락 사이의 내적 연결: 개별 단락의 의미를 정확히 간파해야 하고, 연결 단락이 어떠한 연관성을 맺어야 될 지에 대해 각별히 유의해야 한다

학 과		성 명	
학 번		실시일	

1. '우주에 과연 외계인(혹은 외계 생명체)이 존재하는가'를 주제로 한 편의 글을 쓴다고 가정하고, 접속어를 활용하여 두 단락을 써보자.

2. '우주 과학 기술의 필요성'을 주제로 한 편의 글을 쓴다고 가정하고, 내적 연결을 활용하여 두 단락을 써보자.

융합적 사고와 글쓰기 – 워크북(이공 계열)

학 과		성 명	
학 번		실시일	

1. 다음 기사를 읽고, 자신의 생각을 한 단락 써보자.

> **예문**
>
> '쎈돌' 이세돌 9단이 한국판 '알파고'로 불리는 바둑 인공지능(AI) '한돌'에 승리했다. 비록 2점을 깔고 뒀지만 인간이 AI에 이긴 것은 2016년 이세돌이 알파고에 승리한 이후 처음이다. 이세돌은 18일 서울 바디프랜드 도곡 본사에서 열린 '바디프랜드 브레인마사지배 이세돌 vs 한돌' 치수고치기 3번기 1국에서 한돌에 92수 만에 불계승을 거뒀다.
>
> 지난달 프로기사 은퇴를 선언한 이세돌은 2016년 구글 딥마인드의 '알파고'와 세기의 대국을 펼친 이후로 처음으로 인공지능과 공식 대국을 펼쳤다. 이날 1국은 3년 전 호선으로 대결했던 알파고와의 대결과 달리 흑돌을 쥔 이세돌이 2점을 간 상태에서 한돌에게 덤 7집 반을 주는 방식으로 진행됐다.
>
> 한돌의 착수는 한돌 개발사인 NHN의 서비스 IB 운영파트 이화섭 대리가 모니터를 보면서 한돌이 원하는 자리에 바둑돌을 놓았다. 그러나 한돌은 중반 전투에서 어이없는 실수를 저질러 승부가 단명국으로 끝났다.
>
> 이세돌은 이날 바둑판의 3귀를 차지하면서 차분하게 출발했다. 포석을 마친 뒤 중반으로 접어들면서 이세돌은 우변 자신의 돌을 돌보는 대신 상변에 집을 마련했고 한돌은 우변 흑돌을 둘러싸고 공격에 들어갔다.
>
> 만일 이세돌의 흑돌이 죽거나 살더라도 큰 손해를 본다면 단숨에 형세가 뒤집히는 상황이었다. 그러나 이번에도 3년전 알파고를 꺾었던 78수와 같이 이날도 또 78수에서 이세돌의 묘수가 나왔다. 이에 흑돌을 공격하던 한돌이 '장문'을 파악하지 못하는 큰 착각을 일으키면서 흑돌을 공격하던 백돌의 요석 3점이 오히려 죽여 버렸다. 순식간에 승률이 곤두박질친 한돌은 몇수를 더 두다가 항복하고 말았다.
>
> 앞서 한돌은 지난해 12월과 1월에 걸쳐 신진서·박정환·김지석·이동훈·신민준 등 국내 대표 프로바둑기사들과 릴레이 바둑을 펼쳐 모두 이겼다. 당시에는 프로기사들이 직접 컴퓨터 앞에 앉아 '인터넷 바둑'을 두듯 한돌과 대결했다.
>
> 1국에 승리한 이세돌은 19일과 21일 두차례 더 대국을 한다. 2국에서는 치수를 조절해 서로 동등(호선)하게 대결을 하게 된다.

이세돌은 대국 후 인터뷰에서 "한돌이 프로라면 당연하게 둬야 할 한수를 착각했다. 의외였다"면서 "대국을 앞두고 AI와 대국을 두며 연구했다. (수비형 바둑을 둔 것은) 조금이라도 승률이 높지 않았나 생각했다"고 말했다. 이어 "2국과 3국도 최선을 다하는 모습을 보여 드리겠다"면서 "승패보다는 최선을 다하는 모습에 박수를 보내달라"고 덧붙였다.

– 조현석, 「'쎈돌' 이세돌 한국형 '알파고' 한돌에 첫판 불계승…또 마법의 '78수'(종합)」,
『서울신문』, 2019.12.18.

학 과		성 명	
학 번		실시일	

1. '인공지능의 장점과 단점'을 주제로 글을 쓴다고 가정하고, 접속어를 활용하여 두 단락을 써보자.

2. '미래 사회를 이끌 새로운 기술'을 주제로 한 편의 글을 쓴다고 가정하고, 내적 연결을 활용하여 두 단락을 써보자.

학 과		성 명	
학 번		실시일	

1. 다음 글을 읽고 자신의 생각을 한 단락 써보자.

> **예문**
>
> 　인류의 역사를 더듬어 보면, 인간과 동물 사이에 군사적인 협력이 이루어졌던 사례를 많이 발견할 수 있다. 물론 인간이 동물의 의견을 물어 그런 협력이 이루어졌던 것은 아니지만 말이다. 제2차 세계대전 중에 소련 사람들은 군견들을 대전차용(對戰車用)으로 훈련시켰다. 그 개들의 임무는 지뢰로 무장하고 적의 전차 밑으로 숨어 들어가서 전차를 폭파시키는 것이었다. 그 작전은 그다지 잘 먹혀들지 않았다. 개들은 지뢰가 폭발하기 전에 주인들 품으로 돌아오기 일쑤였기 때문이다.
>
> 　1943년에 루이스 파이저 박사는 소형 소이탄을 장착한 박쥐들을 보내서 일본 군함을 공격하는 방안을 생각해 냈다. 그 박쥐들은 일본의 가미카제(神風) 특공대에 대한 연합군의 응수가 될 법했다. 그러나 히로시마에 원자탄이 떨어지고 난 뒤 그 무기들은 쓸모가 없어졌다. 또 1944년에 영국인들은 고양이를 이용해서 폭발물이 실린 작은 비행기들을 조종하는 방안을 구상했다. 고양이들은 물을 무서워하기 때문에 어떻게 해서든 비행기를 적의 항공 모함 쪽으로 몰고 가리라는 것이 그들의 생각이었다. 그러나 그건 전혀 사실이 아니었다. 베트남 전쟁 중에 미국인들은 비둘기와 독수리를 이용해서 베트콩들에게 폭탄을 보내려고 했다. 그 계획 역시 실패로 끝났다.
>
> 　동물들을 전투 요원으로 사용하는 대신에 첩보원으로 활용하려 했던 사례도 있다. 냉전이 한창이던 시절에 미국 CIA는 용의자를 놓치지 않고 미행하는 방법을 다각적으로 연구하면서, 바퀴벌레 암컷의 호르몬, 즉 페리팔론 B로 용의자에게 표시를 해두는 실험을 행했다. 그 물질은 바퀴 수컷에게 대단히 자극적이다. 그래서 바퀴 수컷은 몇 킬로미터나 떨어진 곳에서도 그 물질이 있는 곳을 알아내어 찾아갈 수 있다.
>
> － 베르나르 베르베르, 이세욱 외 역, 『상상력 사전』, 열린책들, 2011. 부분

학 과		성 명	
학 번		실시일	

1. '현대 군사 과학 기술의 현황'에 대해 한 편의 글을 쓴다고 가정하고, 접속어를 활용하여 두 단락을 써보자.

2. '동물을 전쟁 등에 이용해도 되는가?'를 주제로 한 편의 글을 쓴다고 가정하고, 내적 연결을 활용하여 두 단락을 써보자.

2. 초고 쓰기

1) 서두와 맺음말 쓰기

(1) 서두 쓰기

글 전체의 첫 인상이란 점에서 매우 중요

①시사적 사건을 언급하면서 시작

②개념을 진술하면서 시작

③새로운 문제를 비판적으로 제기하면서 시작

④인용을 하면서 시작

⑤물음을 던지면서 시작

학 과		성 명	
학 번		실시일	

1. 현재 자신이 소속한 광운대학교에 관한 짧은 소개 글을 쓰고자 한다. 글의 서두를 어떻게 시작하면 될 것인지, 글의 서두를 작성해보자.

학 과		성 명	
학 번		실시일	

1. 21세기는 탈경계, 탈중심화, 나아가 탈인간화의 세계가 펼쳐질 것이다. 이러한 진단의 바탕에는 기술의 비약적인 발전이 특이점을 목전에 두고 있기에 가능하다. 특이점에 도달한 기술과 그로부터 비롯될 미래에 대한 자신의 전망을 드러내는 글을 쓰려고 한다. 글의 서두를 작성해보자.

학 과		성 명	
학 번		실시일	

1. 트롤리 딜레마는 '다수를 구하기 위해 소수를 희생하는 것이 도덕적으로 허용 되는가'라는 사고(思考) 실험이다. 영국의 철학자 필리파 풋(Philippa Ruth Foot)이 제안한 이 실험은 공리와 도덕 사이에 생길 수밖에 없는 딜레마에 대해 반응하는 인간에 대한 윤리적 고찰이다. 트롤리 딜레마와 관련 과학기술에 대한 자신의 입장을 밝히는 글의 서두를 ①의 방식으로 작성해보자.

2. 초고 쓰기

1) 서두와 맺음말 쓰기

(2) 맺음말 쓰기

맺음말이란 말 그대로 글을 맺는 역할을 함

① 지금까지 언급된 내용의 핵심을 간명하게 정리
② 본문에서 미처 논의하지 못한 사항을 과제로 제기
③ 앞으로 내다볼 수 있는 전망 혹은 어떤 대안을 제시

학 과		성 명	
학 번		실시일	

1. 다음은 우리의 일상이 갖는 작지만 결코 작지 않은 가치에 대한 생각을 드러내고 있는 글의 종결 부분이다. 다음의 종결 부분을 읽고, 그 의미의 핵심을 염두에 두면서 글의 종결 부분을 새롭게 고쳐 써보자.

예문

인간사에서 가장 큰 사건을 일러 흔히 혁명이라고 부른다. 한 사회를 전혀 다른 방향으로 또는 차원으로 트고 진입하고 계속해서 나아가게 하는 것이다. 물론 그것은 다수의 의견, 다수의 소망이 행동화해 나아가는 것을 전제할 때라야 혁명이라 부를 수 있을 것이다. 한 개인에게 혁명이란 어떤 것일까. 이전과 다른 차원으로 자기를 높여가는 계기를 갖는 일일 것이다. 그것은 간단하게는 가을 들판에 나아가 구절초 보라꽃 빛 앞에 앉아보는 일이요 손바닥을 유심히 들여다보는 일이다. 이게 무엇인가! 나를 이 앞에 앉게 한 것, 이것인 무엇인가? 그것이 혁신이다. 그 질문을 마음에 품는 순간 나는 이미 달라져 있는 것이다.

– 장석남, 『물 긷는 소리』, 해토, 2008. 부분

학 과		성 명	
학 번		실시일	

1. 대학 입시 정책에 대한 글을 쓰고자 한다. 정시 확대로 대표되는 최근의 정책 방향에 대해 '③앞으로 내다볼 수 있는 전망 혹은 어떤 대안을 제시'의 방법으로 글의 마무리 단락을 써보자.

2. 초고 쓰기

2) 본문 쓰기

(1) 비판적 글쓰기

'비판적 글쓰기'의 경우가 인간의 이성적 활동을 염두에 둔 것이라면, '예술적 글쓰기'는 인간의 감성적 활동에 비중을 둔 것

–비판적 글쓰기
①비판의 논점을 분명히 세워야 한다
②비판은 비판 대상과의 생산적 대화다
③비판의 근거 자료를 확보해야 한다
④비판은 비판 주체의 자기 성찰이다

학 과		성 명	
학 번		실시일	

1. 다음 글은 '낙태죄 폐지' 찬반에 관한 내용이다. 찬성하는 부류의 의견과 반대하는 부류의 의견을 제시하였다. 찬성과 반대의 의견 중 어느 한 쪽 입장에서 다른 한쪽 입장을 예각적으로 비판하는 글을 써보자.

예문

〈낙태죄 폐지〉 찬반

찬성 : 여성의 자기결정권을 보장해야 한다. 현재 여성들은 병원에서 비위생적인 수술도구를 봐도, 수술 이후 심한 출혈이 있어도 '낙태가 불법이기 때문에' 도움을 요청하거나 항의할 수 없다. 낙태한 사실을 알리겠다면서 관계유지를 강요받거나 금전적 요구 등 협박을 받는 사례에도 대응할 수단이 없다. 여성에게만 책임을 묻는 낙태죄로 인해 여성의 건강과 안전은 심대히 위협받고 있다. 아이를 낳을지 말지 어떤 삶을 살아갈지를 국가의 책임과 사회적지지 속에서 고민할 수 있는 사회를 원한다. 아이를 언제, 얼마나 낳고 어떤 가족을 꾸릴 것인가는 누구에게나 중요한 '삶'의 문제인 만큼 이제는 국가 중심의 통제를 벗어나 국민 개개인의 의사에 맡겨질 수 있어야 한다.

반대 : 인간 생명을 소중히 여기고 보호하는 것은 우리가 지녀야 할 기본적인 책임이다. 낙태는 태아의 생명을 제거하는 것뿐 아니라 낙태를 행하는 여성에게도 육체적·정신적·사회적으로 피해를 끼친다. 자궁 속 아기는 여성과는 독립된 자녀다. 여성 등 모든 인간에게 자기결정권이 당연히 있지만 태아는 '자기'라는 범위에 들어가지 않는다. 임신시 사회경제적인 이유로 낙태를 고민하게 되는 경우가 있는데 이를 해결하기보다 태아를 희생양으로 삼는 것은 옳지 않은 해결방식이다. 출산 지원 정책에 보다 많은 예산을 들여 나은 보육환경을 만들고 피임률을 높이기 위한 홍보와 교육을 대대적으로 해야 한다.

– 유자비, 「불붙은 낙태 논쟁…"여성 자기결정권" vs "태아 생명권"」, 『뉴시스』, 2017.11.3. 부분

융합적 사고와 글쓰기 – 워크북(이공 계열)

학 과		성 명	
학 번		실시일	

1. 생명공학의 급속한 발전에 따라 인간복제에 대한 사회적 비판이 대두되고 있다. 아래의 예문은 이러한 비판에 대해 우리의 생각을 가다듬게 한다. 인간복제 문제에 대한 비판적 성찰을 통해 자신의 입장을 개진해보자.

예문

　도정일: 그럼, 아인슈타인의 머리로 할까요? 앞서 저는 신신분사회의 도래 가능성을 말했는데 그 정반대 현상이 벌어질 수도 있어요. 만약 복제인간이 더 우수하다고 인정받게 되면 너도나도 '복제'가 되겠다고 나서지 않을까요? 복제품에다 우생학적 개량까지 합치면 복제인간이 더 뛰어난 재능을 가질 수 있죠. 아인슈타인의 머리, 브룩실즈의 미모, 양귀비의 허리 등등 다 갖추는 거죠. 이러면 거기 안 쫓아갈 학부모가 있겠습니까? 지금 같은 풍토에서?

　최재천: 부모 자신은 안 바꿔도 자식은 바꿔주려 하겠죠. 우리나라의 경우 미디어를 통해 소위 '핫 유전자(hot gene)'가 하나 밝혀졌다는 사실이 알려지면, 온 국민이 앞다퉈 유전자를 갈아치울 겁니다. 이건 무척 위험해요. 왜냐하면 한국인이라는 개체군이 오랜 세월 동안 진화해온 것을 하루아침에 되돌리는 일이기 때문이죠.

　다윈이 말한 진화의 핵심은 한 단어로 말하면 '다양성'입니다. 한국인은 여태껏 다양해지는 방향으로 진화해왔고, 또 다양한 개체들이 있었기 때문에 한국 사회가 지금까지 살아남은 겁니다. 진화의 시각, DNA 시각에서 보면 섹스를 해서 자식을 낳으면 손해가 막심하거든요. 내가 내 유전자를 대단히 사랑해도 자식에게는 내 유전자를 반밖에 못 주거든요. 반밖에 못 주는 손해를 보면서 다른 이의 유전자와 섞어가며 살아온 거죠. 이런 손해를 감수하면서도 자연계의 한다하는 동식물은 다 섹스를 합니다. 무성생식을 하는 동물들에 비해 무척 불리하지만, 지금까지 잘 살아온 이유는 다양성을 추구했기 때문이에요. 무성생식을 하는 동물들은 다양성이 없기 때문에 전염병이 한 번 돌면 몰살당할 수 있습니다. 그런데 우리는 전염병이 돌아 한쪽에서는 죽어나가도 다른 한쪽에서 죽지 않은 자들이 죽은 이들이 남기고 간 빈자리를 메우고 살아왔어요. 그런데 만일 국민 모두가 유전자를 바꾼다면, 우리 사회는 유전적으로 점점 동일한 개체들로 이루어진 사회로 완전히 변해버립니다. 그 유전자 하나의 관점에서 보면 전 국민이 복제인간이 된 거나 다름없는 겁니다.

이렇게 되면 참으로 묘한 모순이 생깁니다. 유전적으로 볼 때 개인은 월등해지는 데 비해 집단은 완전히 열등해지는 길로 들어서는 거요. '나쁜' 유전자를 버리고 '좋은' 유전자로 갈아 끼운 사람은 개인의 관점에서 볼 때는 분명 나아진 것이겠죠. 그러나 모두가 더 나은 사람이 되려고 노력하는 가운데 모두가 동일한 유전자를 지닌 지극히 취약한 집단을 만들고 마는 겁니다. 이건 정말 위험한 상황입니다. 제 생각에는 복제인간의 출현보다 이게 더 무서운 일인 것 같아요. 나아가서는 인간 사회의 정의(justice)에 관한 부분, 즉 돈 있는 사람은 먼저 갈아치우고 돈 없는 사람은 꿈도 못 꾸는, 여러 가지 사회적인 불평등 문제와 직접적으로 심각하게 연결될 문제일 것 같습니다.

– 도정일·최재천, 『대담』, 휴머니스트, 2005. 부분

2. 초고 쓰기

2) 본문 쓰기

(2) 예술적 감수성 글쓰기

①자신의 독창적 심미안을 최대한 발휘하라

②사회적 맥락 안에서 문화예술을 향유하라

③비판적 태도를 지니고 문화예술을 향유하라

학 과		성 명	
학 번		실시일	

1. 다음은 소설 「소나기」로 유명한 황순원이 초기 시인으로 활동하며 쓴 시들이다. 각 시의 제목을 유추해 보고, 그 이유에 대해 기술해보자.

① 내 귀가 아프리카를 닮은/ 인연을 당신은/ 생각해 본 적이 계십니까

_____

_____

_____

② 땅의/ 해에는/ 흑점이/ 더 많다

_____

_____

_____

③ 이 집에는/ 비눗물 바가지 든/ 꼬마가 산다

_____

_____

_____

④ 별을/ 쓰느라/ 머리가/ 세었소

_____

_____

_____

_____

⑤ 연문을/ 먹고서/ 온몸을/ 붉혔소

_____

_____

_____

_____

⑥ 지구와/ 외접한/ 이/ 구체의/ 굴잖는/ 기적을/ 보아라

_____

_____

_____

_____

학 과		성 명	
학 번		실시일	

1. 광운대 캠퍼스의 공간 중 가장 주목할 만한 공간은 어느 곳이라 생각하는가. 그 공간에 대한 미학적 입장을 언급해보자.

_____

_____

_____

_____

_____

_____

_____

_____

_____

_____

_____

_____

_____

_____

2. 초고 쓰기
3) 제목과 부제목 및 목차 쓰기
(1) 제목과 부제목 달기

제목을 정하는 뚜렷한 원칙은 없지만 글의 제목이 너무 산만한 느낌을 주거나, 개성과
독창성 없이 상투적인 면은 경계

①글 전체를 지배하는 핵심어 제시
②글의 주제를 함축하는 문장형으로 제시

학 과		성 명	
학 번		실시일	

1. 다음 시의 적합한 제목을 정해보고 그 이유에 대해 서술해보자.

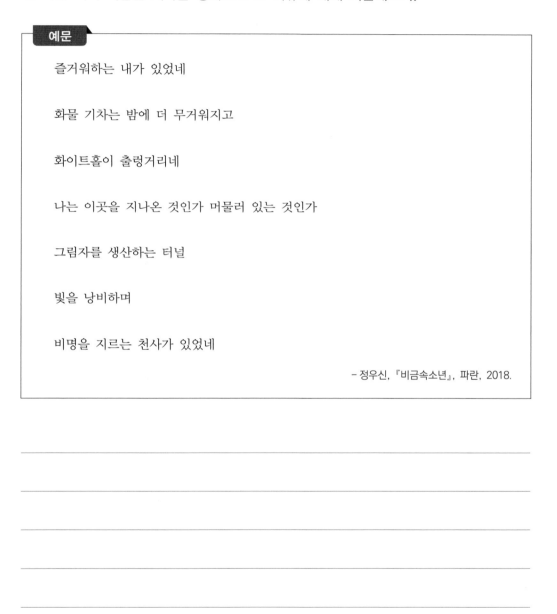

예문

즐거워하는 내가 있었네

화물 기차는 밤에 더 무거워지고

화이트홀이 출렁거리네

나는 이곳을 지나온 것인가 머물러 있는 것인가

그림자를 생산하는 터널

빛을 낭비하며

비명을 지르는 천사가 있었네

– 정우신, 『비금속소년』, 파란, 2018.

학 과		성 명	
학 번		실시일	

1. 다음 글에 해당하는 제목을 문장형으로 정해보자.

<table>
<tr><td>예문</td></tr>
<tr><td>

　이처럼 낯익은 사례들을 보면서 우리는 그 밖의 중요한 발명품들도 모두 필요에 대한 인식에서 비롯되었다고 착각하기 쉽다. 그러나 사실 수많은 발명품, 또는 대부분의 발명품은 호기심에 사로잡히거나 이것저것 주물럭거리는 일을 좋아하는 사람들이 개발했고, 그들이 염두에 둔 제품에 대한 수요 따위는 처음부터 있지도 않았다. 일단 어떤 물건이 발명되면 그때부터 발명자는 그것의 용도를 찾아내야 했다. 그리고 상당 시간 사용된 이후에야 비로소 소비자들은 그것이 '필요'하다고 느끼게 되었던 것이다. 또 어떤 물건은 어느 한 가지 용도를 위해서 발명되었지만 결국에는 오히려 예기치 못했던 다른 용도에 더 많이 쓰이게 되었다. 놀랍게도 이렇게 어느 한 가지 쓸모를 위해 만들어졌던 발명품들 중에는 현대에 이루어진 중요한 기술적 혁신이 대부분 포함되어 있다. 비행기와 자동차, 내연 기관과 전구, 축음기와 트랜지스터 등도 예외가 아니다. 그러므로 오히려 발명이 필요의 어머니일 때가 더 많다.

- 제레드 다이아몬드, 김진준 역, 『총, 균, 쇠』, 문학사상사, 1998. 부분

</td></tr>
</table>

학 과		성 명	
학 번		실시일	

1. 다음은 어느 글의 부분이다. 이 부분을 읽고 글의 제목과 부제목을 써보자.

예문

16세기 후반 프랑스의 법률가이자 수학자인 프랑수아 비에트는 원에 접하는 393,216개의 변을 가진 다각형을 구하여 원의 둘레를 계산했다. 그가 계산한 값은 소수점 아래 열 번째 자리까지 정확했다. 그러나 그의 진정한 위대함은 무한개의 항을 곱해서 원주율 값을 나타냈다는 점이다.

마침내 1596년 독일의 루돌프 반 쿨렌은 아르키메데스의 방식으로 변의 개수가 320억이 넘는 다각형을 이용해 몇 년을 계산한 끝에 소수점 아래 35자리까지 발견했다.

원주율을 이해하려는 노력은 사실 더 많은 자릿수를 계산하는 것과는 별 관련이 없다. 그보다는 원둘레와 지름의 비처럼 단순한 것이 왜 그처럼 복잡한 방식으로 자신을 드러내는가를 알고 싶은 것뿐이다. 원주율에 대한 탐구는 인간의 지적 모험심을 한계까지 시험하고자 하는 억누를 수 없는 충동 때문이다. 산이 거기 있기에 세계 최고봉 에베레스트를 오르는 것처럼 π가 있기 때문에 그것을 탐구한다.

원주율 π는 소수점 아래 어느 자리에서도 끝나지 않고, 숫자들은 일정한 규칙 없이 무한히 계속된다. 이러한 수를 무리수라고 부르는데, 원주율만큼 신비하고 단순한 아름다움을 보여 주는 숫자가 또 있다. 우리는 그것을 '황금분할' 또는 '황금비'라고 부른다.

– 정갑수, 『세상을 움직이는 수학』, 다른, 2017. 부분

2. 초고 쓰기

3) 제목과 부제목 및 목차 쓰기

(2) 목차 정하기

글의 목차는 글 전체를 구성하는 골격 역할

학 과		성 명	
학 번		실시일	

1. 과학기술이 날로 발전하고 있지만, 미래의 불확실성이 점차 커지면서 점술에 대한 의존도 역시 높아지고 있다. 이러한 문제를 갖고 한 편의 글을 작성할 때 구성되는 목차를 써보자.

학 과		성 명	
학 번		실시일	

1. 다음의 글을 읽고 이 글은 어떤 목차를 토대로 작성되었는지, 그 목차를 써보자.

> **예문**
>
> 이세돌 9단과 알파고의 5차례 대국이 막을 내렸다. 승패의 추가 어느 쪽으로 기울었는지와는 상관없이 이것이 새삼 인공지능과 우리 자신에 대해 되돌아볼 기회가 된 것도 사실이다. 이곳에서는 그 함의를 우리 민주주의와의 관련 속에서 되새겨 보려고 한다.
>
> 우선, 구글의 딥마인드가 성취한 의미를 폄하하는 관점, 즉 계산기가 인간보다 당연히 빠르다거나 1200대의 컴퓨터가 '훈수'를 둬서 애초에 불리한 게임이었다는 주장에 반대한다. 바둑이란 경기가 하수 1200명의 의견을 취합한다고 해서 고수를 꺾을 수 있는 것은 아니며, 더 중요하게는 자료로 입력된 기보들의 총합을 뛰어넘는 새로운 가능성을 알파고가 선보였다는 것은 움직일 수 없는 사실이다. 요소들의 총합을 뛰어넘는 새로운 가능성의 출현을 복잡계 이론에서는 '창발'이라 부른다.
>
> 바둑이 가지는 흥미로운 특징은 아마 미학과 효율성의 일치라고 말할 수 있을 것이다. '두터움'과 '무거움'이 미세한 차이로 구분되며, '얇은 형세'와 '경쾌한 행마'가 종이 한 장의 차이로 결정되는 반상만큼 미추(美醜)에 대한 집착이 확고한 곳은 없다. 중요한 사실은 적어도 바둑에서는 아름다움이 승리로 직결된다는 점이며, 이러한 미학과 효율성에 대한 축적된 지적 체계가 구축되고 발전되어 왔다는 점이다. 알파고가 놀라운 점은 이러한 지적 체계를 무너뜨리는 '새로운 수' 즉 아름답지는 않지만 효율적인 수를 발견하고 몇 번 선보인 데 있다.
>
> 바둑과 인생을 비유하는 수많은 이야기들과는 무관하게 인공지능이 우리 삶의 여러 영역에 직접 영향을 미치는 미래는 가까이 온 것으로 보인다. 운송과 의료, 사법, 경제, 그리고 제반 정책 영역에서 단순한 업무부터 복잡한 결정과정까지 최소한 인공지능의 도움을 받는 일은 일상적이 될 가능성이 크다. 오늘 우리가 해야 할 일은 이러한 새로운 테크놀로지를 우리의 민주적 거버넌스에 어떻게 접목할 것인가 하는 난제를 고민하고 해결하는 과업이다. 앞서의 비유를 빌리자면, 우리는 아름답지는 않지만 효율적인 정책과 결정들을 얼마나 믿고 어떻게 받아들일 수 있을 것인가?
>
> 이를 위해 고려해야 할 사항들은 어쩌면 민주주의 정치의 원칙을 새삼 반추하는 일이기도 하다. 첫째, 과정에 대한 세심한 설득과 소통이 매우 중요하다는 점. 이세돌 9단이

패배 후 복기할 대상이 없어서 황망하게 앉아 있었던 것처럼, 더 나은 정책과 더 나은 해결 방안이 왜 더 효율적인 것인지에 대한 과정의 설명이 불가능하다면 새로운 정책적 결정들을 인간의 민주주의는 받아들일 수 없을 것이다. 민주주의는 효율적인 정답보다 설득하고 설득당하는 것이 가능한 공유된 가치관에 기반을 둔 과정이기 때문이다.

둘째, 책임성의 문제를 다각적으로 고민할 필요가 있다. 제4국에서 보여줬던 것처럼 예상하지 못했던 의외의 중대한 실수가 언제라도 발생할 수 있다는 점을 상기한다면 사용된 자료에서 최종적 결정에 이르는 과정에 대한 섬세한 통제와 책임은 결정적으로 중요한 문제로 보인다. 인공지능이라는 블랙박스에 어떤 자료들이 들어가고 어떤 것들이 들어가지 않는가, 어느 관심 영역에 가중치를 줄 것이며, 누가 결정할 것인가 하는 문제는 간단하지 않다. 이러한 과정들이 반드시 열려 있어야 하는 이유는 문제가 생겼을 때 그것이 다시 일어나지 않기 위해서, 그리고 책임 소재를 명확하게 하기 위해서이다.

셋째, 민주정치의 과정은 공동체의 총체적 번영과 안녕을 지향하는 동시에, 그 구성원들을 더 나은 시민으로 성장시키는 과정이다. 예를 들어, 미국이 트럼프라는 새로운 형태의 대통령 후보를 경험하면서 인종갈등이나 이민자 문제를 더 새롭고 깊게 고민하게 됐으며, 한국의 시민들은 필리버스터라는 생소한 정치적 현상을 경험하면서 한국 의회의 역할과 인권의 중요성을 다시금 생각하게 되었다. 마찬가지로, 이세돌 9단이 알파고의 새로운 수를 통해 더 나은 바둑을 두게 되고, 나아가 그것이 새로운 정석(定石)이나 기풍으로, 바둑의 미학으로 포괄될 수 있을 것인가? 바로 이것이 인공지능이라는 새로운 테크놀로지와 우리 삶이 접합되는 성패를 좌우할 것이라고 나는 믿는다.

역설적으로, 우리의 민주주의는 이러한 외재적 충격을 견딜 만큼 충분히 건강한지에 대한 질문을 던지지 않을 수 없다. 물론 이 질문을 알파고가 우리를 대신하여 던져주지는 못할 것이다.

– 박원호, 「알파고의 바둑, 인간의 미학과 민주주의」, 『경향신문』, 2016.3.15. 부분

1. 고쳐 쓰기

고쳐 쓰기를 할 때는 다음의 사항을 확인할 필요가 있다

①글을 쓴 의도가 잘 표현되었는가
②글 내용에 논리적 결함은 없는가
③문법에 맞게 글을 썼는가
④맞춤법과 표준어 규정에 맞게 썼는가

학 과		성 명	
학 번		실시일	

1. 다음의 목차를 보고 아래의 문제에 답해보자.

---

1. 서론 – 새만금 간척사업 소개
2. 새만금 간척사업의 현황과 계획
3. 새만금 간척사업의 장점과 단점
　(1) 새만금 간척사업의 장점
　　가. 사라지는 농지 대체
　　나. 부족한 수자원 확보
　　다. 관광자원 개발
　(2) 새만금 간척사업의 단점
　　가. 갯벌오염의 문제
　　나. 환경기초시설의 제기능 불능의 문제
4. 새만금 간척사업이 지역사회에 미친 영향
5. 결론

☞ 위의 목차를 보고 적절한 제목을 써보자.

☞ 위의 내용으로 글을 구성할 때 보충되어야 할 사안은 없는지 검토해보자.

☞ 위의 목차의 문제점을 지적하고 적절한 수정 목차를 만들어보자.

학 과		성 명	
학 번		실시일	

1. 다음 글은 단락 구분이 되어 있지 않다. 글을 읽고 단락을 나누어보고 각 단락의 내용이 무엇인지 써보자.

예문

　　감정노동이란 용어는 1983년 앨리 러셀 혹실드의 〈관리된 마음〉이라는 책에서 제기된 이후 보편적으로 사용되고 있다. 책에서 '감정노동'(emotional labor)은 "소비자들이 우호적이고 보살핌을 받고 있다는 느낌을 만들어낼 수 있도록 외모와 표정을 유지하고, 자신의 실제 감정을 억압하거나 실제 감정과 다른 감정을 표현하는 등 감정을 관리하는 노동"을 일컫는다. 개별 기업과 조직에서는 고객에게 표출하는 감정적 서비스의 양과 질이 '매출'과 밀접한 연관성을 갖고 있다는 것을 너무나도 잘 알고 있다. '매출이 인격'이라는 조직문화나 "사랑합니다. 고객님"이라는 표현이 대표적이다. 심지어 일부 기업은 고객에게 눈맞춤은 기본이고 무릎을 꿇고 서비스를 제공하게끔 한다. 그 순간 고객과 노동자들은 동등한 인간일 수 없다. 아무리 서비스라는 단어의 어원이 라틴어 '노예'(servus)에서 출발했더라도 강요된 서비스는 비인간적이다. 우리나라에서 서비스 노동자의 길을 선택하는 순간 인권은 존재하지 않는다. 감정노동 문제는 감정노동 그 자체보다 감정부조화가 핵심이다. 감정부조화는 실제 감정과 겉으로 표출하는 감정 사이의 격차인데, 외적 현상으로 우울증이나 대인기피증과 같은 건강장해가 발생한다. 이 때문에 감정노동자 보호를 위한 예방과 사후관리 필요성이 제기된 지 오래다. 다행히 최근 몇 년 사이 국내 11곳의 지자체에서는 감정노동자 보호 조례가 제정되었다. 과거와 달리 노동을 보는 관점이 바뀌고 있음을 짐작하게 하는 대목이다. 특히 서울시는 감정노동 조례와 정책 이후 감정노동 가이드라인과 지침을 만들었다. 감정노동 교육 의무화나 시민홍보 등 각 영역별 보호조치를 구체화했다. 대표적으로 폭언이나 성희롱 같은 위험이 발생할 경우 일터에서 벗어날 권리와 같은 업무중지권을 명시한 것은 의미가 있다. 또 심리적인 휴식이 필요할 때 적정휴식을 제공하도록 규정했다. 상품화된 노동이 아니라 인간중심적 노동으로 변화해야 한다는 공감의 정책이다. 무엇보다 조직 내에서 부당한 대우를 받았을 때 감정노동자들이 보호를 받을 수 있는 '노동조사관' 신설은 의미가 있다. 사실관계를 따지지 않고 무조건인 사과 등을 지시함으로써 노동자에게 인격적인 모멸감을 주어서는 안된다는 철학이 담겨 있다. 국제노동기구(ILO)나 유럽연합(EU)은 노동자와 고객 간의 업무 수행과정에서 발생하는 신체적, 정신적 폭력을 중대한 업무상 재해로 구분한다. 독일은 노사정 세 주체가 "노동세계에서의 심리적 건강을 위한 공동 선언"을 한 바 있다. 노동자들의 안전과 건강을 위해 상시적인 상담 창구를 열어 놓고, 해마다 전국적인 토론회를 개최하고 감시자 역할과 정책제안도 한다. 인간의 감정까지 상품화하는 천박한 자본주의 유물이자 반사회적 노동형태인 과도한 감정노동은 없애야 한다는 취지다. 앞으로 감정노동자들의 일이 '욕먹고, 낭비적인 일'이 아니라, '보람 있고, 가치 있는 일'로 바뀔 필요가 있다. 이제 우리도 노사정이 함께 지혜를 모아 해결의 실마리를 풀기 위한 사회적 대화와 전략을 갖출 시점이다.

– 김종진, 「감정노동 논의 10년 만에 첫 결실」, 『경향신문』, 2018.5.11. 부분

학 과		성 명	
학 번		실시일	

1. 각 단락의 내용을 요약해보고 자신의 전공과 연관성 상에서 논의의 논리성 여부를 파악해보자.

예문

　현재의 대학 교육은 먹고 살 것이 이미 마련되어 있는 귀족이나 양반 계급만을 대상으로 하지 않는다. 이미 유한계급인 자들로 하여금 교양을 쌓고 진리를 탐구하게 하여 대중보다 우월한 지적 기반에서 사회의 엘리트 리더로서의 역할을 제대로 수행할 수 있게끔 대학교육을 베푸는 것이 아닌 것이다. 현재의 대학 교육은 시민사회에서 이루어지며 교육 수요자는 살아가기 위하여 생업을 필요로 하는 미래의 직업인들이다. 한국의 근대화 과정에서 대학 교육은 오히려 아무런 배경을 갖지 않은 자에게 경제적 능력과 사회적 지위를 마련해 주었으며 때로 신분상승의 기회가 되기도 하였다. 진리탐구라는 근대 대학의 목적은 현대적 관점에서 보면 매우 한가한 이야기로 들린다. 요즘 우리의 대학이 탐구하는 '진리'는 잘 먹고 잘 살게 해 줄 수 있는, 곧 경제적 효용가치를 생산해내는 진리일 때에만 제대로 대접받고 있기 때문이다. 현실에 발붙이지 못하는 '진리'는 비웃음거리로 전락하고 말았다.

　이제 대학 교육 제공자 곧 지식 생산자는 현실 세계에서 먹고 살아야 하는 수요자의 요구에 따라 생업에 직접적으로 응용될 수 있는 지식을 생산해야 한다. 그러나 우리가 추구하는 진리는 항상성을 가지는 것이기 때문에 그것의 추구 과정인 학문은 상품을 사고파는 시장의 세계와는 차별되는 것으로 여겨져 왔다. 학문의 세계와 수용자, 소비자, 생산자 등의 개념은 서로 어울리지 않는 것이다. 학문은 효용가치로 평가받는 것이 아니어서 생산자로서 지식이나 기술을 생산하여 그것을 제값을 받고 수요자에게 파는 시장의 세계와는 거리가 멀다. 대학은 이제 현실 세계에서 하나의 생산 수단으로 전락하였으며 대학교수는 상품이 될 만한 지식을 생산해 팔아야 하는 노동자이다.

－신지연, 「인문학 위기의 시대에」, 『어문생활』, 2009.3. 부분

1. 다음의 예문을 읽어보고 단락의 구성 및 연결성에 문제가 없는지 파악해보자.

> **예문**
>
> 하지만 빛이 있으면 어둠이 있는 법이라서, 인공지능의 부정적인 사례들도 많습니다. 인공지능이 사람을 대신할 로봇을 기반으로 하고 있다는 점에서, 로봇이 인간을 대체하여 발생하는 실직의 위기가 대표적입니다. 기존의 단순한 반복노동을 로봇이 대체했다면 인공지능 로봇은 좀 더 다양한 상황과 능동적인 판단이 필요한 각종 직종에서 사람을 대체할 수 있을 것입니다. 구글의 신경망 번역만 보더라도 전문 번역가의 입지가 점점 더 좁아질 것은 자명합니다. 하지만 속기사라는 직업이 사라졌듯이, 특정 직업종사자의 실직위기는 거스를 수 없는 거대한 시대의 흐름입니다. 또한 인공지능과 관련된 또다른 새로운 직업이 생길 수 있습니다.
>
> 자율주행차의 경우에는 사물인터넷과의 결합이라는 점에서 해킹에 대한 대비책을 준비하지 않는다면 해커의 개입으로 인해 악용되거나 대형사고가 발생할 수 있습니다. 실제로 자율주행차의 예측에 어긋난 다른 자동차로 인해 사고가 발생한적이 있고, 인식패턴이 완전히 학습되지 않아 잘못된 판단을 해서 사고가 난 경우도 있습니다. 비약적이지만 자유의사를 가진 로봇이 인간을 뛰어넘어, 인류를 탄압한다는 디스토피아적 미래를 예상하는 사람도 있습니다.
>
> 이처럼 기술 자체에 의한 반향도 극복해야 하지만, 윤리적인 관점에서의 부정적인 효과도 고려해야 합니다. 인문학적 소양과 윤리의식을 바탕으로 한 기술의 발전만이 긍정적인 인간사회로의 방향을 제시할 수 있습니다. 인공지능을 인간에게 치명적인 위협을 가하지 않는 선까지 제한하고 완결성을 확보한다면 인공지능은 매우 유익한 도구로서 생활에 다양한 모습으로 편리함을 제공할 것입니다. 그리고 다가오는 거대한 4차 산업혁명의 흐름에 대비하여 관련 전공자들의 육성에 힘을 기울여야 합니다.
>
> – 학생글에서

학 과		성 명	
학 번		실시일	

1. 다음의 문장을 자연스러운 표현으로 고쳐보자.

☞ 오늘 아침, 국회의원 홍길동 씨는 뇌물 수뢰 혐의로 구속되었다.

☞ 지금 우리 사회는 옛것이면 구식이라고 생각하는 선입견을 가지고 있다.

☞ 아직까지도 중국 정부 관료들은 6자 회담에 부정적인 견해를 보이고 있으나 미국 정부의 적극적인 외교로 인해 가까운 시일 내에 반드시 이루어질 것으로 보인다.

☞ 독도의 영유권을 주장하는 일본 총리의 망언에 대해 정부는 일본에게 강력히 항의해야 한다.

_____

_____

_____

_____

☞ 은행에 완전히 몰수된 처가집에서 남들 몰래 옥상 위에 올라 별을 바라보며 남은 여생을 걱정하시던 장모님의 모습이 눈에 선하다.

_____

_____

_____

_____

☞ 저희 학원에서는 정보처리에 관련된 모든 과정을 무료로 교육시켜 드립니다.

_____

_____

_____

_____

2. 인용과 주석(註釋) 달기

3. 참고문헌 작성

인용은 다른 사람의 글 일부를 자신의 글에 삽입하는 것
– 직접인용
– 간접인용

주석은 자료의 출처를 밝히거나 본문의 내용을 보완하기 위한 것

학 과		성 명	
학 번		실시일	

1. 다음 1~6의 지시 사항을 이용하여 각주를 작성해보자.

---

1. '김현'의 '행복한 책읽기'라는 책 가운데 95쪽을 인용하였는데, 이 책은 '문학과 지성사'에서 1992년에 출간되었다.
2. 각주1)의 책 가운데 150쪽을 인용하였다.
3. 'T.S, Eliot'의 'Selected Essays'라는 책 가운데 30쪽에서 31쪽까지를 참조하였는데, 이 책은 'London'에 있는 'Faber and Faber'에서 1980년에 출간되었다.
4. '장경렬'의 '뫼비우스의 띠와 클라인씨의 병'이라는 글 가운데 53쪽을 인용하였는데, 이 글은 '작가세계'라는 계간문예지의 1990년 겨울 호에 수록되었다.
5. '국립국어연구원'이 1999년도 서울에서 출판한 '표준국어대사전'을 참조하였는데, 출판사는 '두산동아'이다.
6. '게오르그 짐멜'의 '짐멜의 모더니티 읽기'라는 책 가운데 220쪽을 인용하였는데, 이 책을 번역한 사람은 '김덕영'이며, 출판사는 '새물결'이고, 출판연도는 2005년이다.

---

2. 글의 말미에 각주 1 ∼ 6에 인용 혹은 참조한 문헌들을 대상으로 참고문헌을 작성해보자.